Vita Sackville-West
Mein Herbst- und Wintergarten

SERIE PIPER

Zu diesem Buch

»Laßt uns pflanzen und fröhlich sein, denn im nächsten Herbst sind wir vielleicht alle ruiniert« – unter diesem Motto entstand seit den dreißiger Jahren des 20. Jahrhunderts einer der schönsten Gärten Englands: die zehn märchenhaften »Gartenzimmer« um Schloß Sissinghurst in Kent. Vita Sackville-West, Schriftstellerin und überaus begabte Gärtnerin, schuf diese Pracht und schrieb über fünfundzwanzig Jahre lang eine Gartenkolumne, deren schönste Texte den Jahreszeiten folgend gesammelt wurden. In den Herbstmonaten von September bis November genießt sie die Pracht der herbstlichen Blumen, stellt die Bäume mit den schönsten Herbstfarben vor und zeigt dem Leser, wie sich Lilien aus Samen ziehen lassen. In den Wintermonaten von Dezember bis Februar empfiehlt sie, im Garten Zweige zu schneiden, die ihre Blüten im Haus entfalten, während sich draußen schon die ersten Frühlingspflanzen auf ihren Auftritt vorbereiten. Vita Sackville-Wests leichtfüßige und elegante Gartenkolumnen bieten für den Profi wie für den Hobbygärtner eine unerschöpfliche Quelle von Anregungen, Informationen und zugleich ein literarisches Lesevergnügen.

Vita Sackville-West, geboren 1892 in Kent, heiratete 1913 den Diplomaten Harold Nicholson. In den dreißiger Jahren kaufte sie das halbverfallene Sissinghurst Castle und verwandelte den Schloßpark in die schönste Gartenanlage Englands. Außerdem schrieb sie zahlreiche Romane und Gedichte. 1962 starb sie auf Sissinghurst Castle.

Vita Sackville-West
Mein Herbst- und Wintergarten

Aus dem Englischen von
Gabriele Haefs

Mit 20 Farbfotos von Marion Nickig

Piper München Zürich

Mehr über unsere Autoren und Bücher:
www.piper.de

Über fünfundzwanzig Jahre lang schrieb Vita Sackville-West unter dem Titel »In Your Garden« für den »Observer in Your Garden« eine Gartenkolumne, aus der vier Bücher entstanden:
»In Your Garden«, Michael Joseph 1951, Oxenwood Press Ltd. 1996
»In Your Garden Again«, Michael Joseph 1953
»More For Your Garden«, Michael Joseph 1955
»Even More For Your Garden«, Michael Joseph 1958
Julia Bachstein besorgte aus diesen vier Büchern die Auswahl.

Von Vita Sackville-West liegen bei Piper im Taschenbuch vor:
Mein Frühlingsgarten
Mein Sommergarten
Mein Herbst- und Wintergarten

Ungekürzte Taschenbuchausgabe
Piper Verlag GmbH, München
1. Auflage September 2006
2. Auflage September 2008

Umschlag/Bildredaktion: Büro Hamburg
Heike Dehning, Charlotte Wippermann,
Alke Bücking, Daniel Barthmann
Foto Umschlagvorderseite: Marc Windom/jupiterImages
Satz: Reinhard Amann, Aichstetten
Druck und Bindung: CPI – Clausen & Bosse, Leck
Printed in Germany ISBN 978-3-492-24803-7

Inhalt

Mein Herbstgarten

September

SEPTEMBER ... was für ein Wendepunkt, was für eine Wasserscheide im Jahreslauf. Ich denke an die Monate immer wie an Jahrzehnte im Menschenleben: April-Mai; Juni-Juli; August-September. Die Zeit von März bis Ende April ist die Jugend; die von Mai bis Juni die spätere Jugend bis zum dreißigsten Geburtstag, diesem unangenehmen Meilenstein; Juni und Juli ist die Zeit zwischen dreißig und vierzig, oder wollten wir sagen, fünfzig? Nach Ende Juli erreichen wir das unangenehme Stadium der Gewißheit, daß wir uns den sechzig nähern; dann kommt der September und wir gehen auf die siebzig zu, und wenn wir bei Oktober, November und Dezember angekommen sind, wäre es taktlos, die Parallelen noch weiter zu vertiefen.

Im September sollten wir an die bevorstehenden rauhen, windigen Tage denken. Kalte Winde können eine Pflanze ebenso nachdrücklich verletzen wie Feuer, aber ich stelle mir vor, daß wir die Winde weitgehend abwehren können, wenn wir zu dem Verfahren greifen, das in Kent »Hop-Lewing« genannt wird. »Lew« ist ein nettes kleines, altes Wort, das »Schutz« bedeutet (es ist verwandt mit dem deutschen Wort »lau«). Hier auf dem Land hört man es noch oft: »Die Lämmer wären alle erfroren, wenn ich nicht ein paar lews gemacht hätte«. Unter Hop-

Lewing verstehen wir eine sehr grobgewebte Art Sackleinen, wie Hopfenzüchter sie auf hohen Pfählen an der Windseite ihrer Hopfengärten aufstellen. Sie sind an die einsachtzig breit und werden in Längen von etwa fünfundvierzig Metern verkauft. Ich sehe wirklich keinen Grund, warum wir sie nicht passend zuschneiden und in unseren Gärten verwenden sollten. Wir müssen sie ja nicht unbedingt auf hohen Pfählen anbringen.

Wir sollten sie auf dem Boden aufspannen und in regelmäßigen Abständen mit Stöcken feststecken. Das lockere Gewebe läßt die Luft hindurch, die alle Pflanzen so dringend brauchen und die so oft von mit Stroh und Farnkraut dichten Weidengeflechte oder durch die dicke Verpackung ausgesperrt wird, in die manche ihre Schätze während des Winters hüllen, wie in einen warmen Schlafrock.

Ein länglicher Geist aus *hop-lewing*, ein grauer, durch die Mangel gedrehter Geist. So wird mein Garten im nächsten Winter umherspuken.

Jetzt treffen langsam die Herbstkataloge ein, und sie erinnern mich an die Päonien (Pfingstrosen). Es gibt nur wenige dankbarere Pflanzen. Kaninchen mögen sie nicht; sie blühen den ganzen Mai und Juni hindurch; als Schnittblumen halten sie sich im Haus oft über eine Woche; sie blühen in Sonne und Halbschatten; sie vertragen fast jede

Art Boden, kalkhaltig oder nicht; sie finden sich sogar mit Ton ab; sie brauchen niemals vereinzelt oder verpflanzt zu werden; das hassen sie geradezu; und sie sind so langlebig, daß sie Sie vermutlich überleben werden, wenn Sie erst einmal eine Pflanzung gezogen haben (was gar nicht schwer ist). Dazu kommt auch noch, daß sie Vernachlässigung ertragen können. Meine haben sich durch das Unkraut des Krieges hindurchgekämpft und scheinen keinen Schaden daran genommen zu haben.

Aber wenn Sie ihnen Gutes tun, dann reagieren sie, wie jede Pflanze auf gute Behandlung reagiert. Wenn Sie ein wenig Knochenmehl übrig haben, streuen Sie es im Herbst aus. Das ist jedoch nicht unbedingt nötig. Unbedingt nötig ist zunächst sorgfältiges Pflanzen, darunter verstehe ich, daß Sie ein um die fünfzig Zentimeter tiefes Loch graben sollten; geben Sie zunächst verrotteten Dung oder Kompost hinein; füllen sie es dann mit normalem Erdreich, und pflanzen Sie untief, d. h., vergraben Sie die Spitze nicht tiefer als vielleicht zehn Zentimeter. Das ist wichtig.

Grob gesagt gibt es zwei Päonienarten: Die krautartigen, zu denen wir die eigentliche Spezies zählen, und die Baumpäonie (*Paeonia suffruticosa*). Baumpäonien werden heute nicht mehr häufig angeboten und sind entsprechend teuer. Aber die Ausgabe lohnt sich, vor allem, weil sie schon früh zu blühen beginnen und sich in zunehmendem Alter darin noch immer weiter steigern. *Sie sollten sie niemals beschneiden.* Meine wurden von einem Aushilfsgärtner ruiniert, der noch dazu (was ich damals aber nicht wußte) ein Zeuge Jehovas war, und der sie eines Herbstes in Grund und Boden beschnitt.

Die krautartige Päonie ist die Art, die wir oft in Cottagegärten in nicht sonderlich attraktiven Farbtönen von Rot oder Rosa sehen. Aber wir sollten sie deshalb nicht verdammen. Es gibt heute viele Varianten, einfache wie gefüllte, in allen Farben von reinem Weiß über Weiß-Gelb bis zu Muschelrosa, Tiefrosa und dem Abendhimmelrot der *P. peregrina*. Diese lodert wirklich, und ihre Genossin *P. lobata Sunshine* kann sich mit ihr messen, wenn sie sie nicht sogar übertrifft. Von den Gelben würde ich *P. mlokosewitschii* empfehlen, wenn sie nicht so teuer wäre; ich habe meine aus einer preiswerten Samenpackung gezogen, aber dazu gehört viel Geduld. Von dieser abgesehen ist *P. Laura Dessert* vermutlich die beste Gelbe, die für einen vernünftigen Preis zu haben ist. *Sarah Bernhardt*, die noch etwas preisgünstiger ist, hat riesige, blaßrosa gefüllte Blüten; die um einiges teurere *Kelway's Supreme* ist von feinem Weißrosa; *Duchesse de Nemours*, wiederum billiger, ist weiß mit einem leicht gelblichen Farbton und kleineren Blüten; *Monsieur Martin Cahuzac*, zum gleichen Preis, ist dunkelrot, und seine Blätter sind im Herbst von schöner Farbe.

Dieser Artikel wird von zwei Dingen handeln, von einem Baum und einer Lilie nämlich. Der Blasenbaum, *Koelreuteria apiculata*, ist im August, wenn er seine endgültige Größe von fünf bis fünfzehn Metern erreicht hat, von außergewöhnlicher Schönheit. Ein Baum erlangt eine solche Größe natürlich nicht innerhalb weniger Jahre, deshalb gilt diese Empfehlung nur für die, die für öffentliche Parks oder Gärten Bäume aussuchen oder vorhaben, sehr lange auf ihrem Grund und Boden zu bleiben; für die Besitzer eines kleinen Landhauses zum Beispiel. Nomadisierende Mieter können es sich nicht leisten, so lange zu warten.

Ich habe die Samen der *Koelreuteria* im verlassenen Garten einer alten französischen Abtei gesammelt; ich wußte damals nicht, was ich da vor mir hatte. Ich konnte nur sehen, daß es sich um einen eleganten Baum handelte, dessen Samenkapseln aussahen wie chinesische Lampions oder die Hülsen der Pflanze, die wir Lampionblume (*Physalis peruviana*) nennen und als Winterdekoration anpflanzen. Zu Hause säte ich die Samen in einer Schale aus, und sie keimten so energisch wie Gras. Ich sah natürlich, daß die Blätter ein sehr hübsches Rosa annahmen, aber erst, als ich in einem benachbarten Garten ein ausgewachsenes Exemplar sah, ging mir auf, welchen Schatz ich da erbeutet hatte. Dieses Exemplar stand in voller Blüte, hellgelbe Blüten auf geraden, etwa dreißig Zentimeter hohen spitzen Stengeln, ein wenig wie die Goldrute, wenn Sie sich Goldrute vorstellen können, die unmittelbar über Ihrem Kopf aus einem Baum herauswächst, und diese Blüten ragten kühn über Mengen von korallenroten Samenkapseln, die Ähnlichkeit mit Quasten hatten, und über fedrigen grünen Blättern auf. Ich übertreibe wirklich nicht. Der Anblick dieses Baums vor dem blauen Himmel war geradezu atemberaubend.

Die Lilie, um die es mir heute geht, ist *Lilium regale* (Königslilie), die süßduftende Trompete, vielleicht das am leichtesten anzubauende Mitglied dieser launischen Familie. Zwischen dieser Lilie und der *Koelreuteria* gibt es keinerlei Ähnlichkeiten, abgesehen davon, daß sie sich beide leicht aus Samen ziehen lassen. Reife Zwiebeln sind derzeit ziemlich teuer, wenn Sie also größere Mengen anpflanzen möchten, lohnt es sich, sie aus dem Samen zu ziehen – und dann ist jetzt der Moment gekommen, um in Ihrem eigenen oder den Gärten Ihrer Bekannten danach Ausschau zu halten. Sie können den Samen natürlich auch kaufen, aber es macht mehr Spaß, eine Samenkapsel aufzubrechen und die wunderbar verpackten, papierdünnen Samen selber herauszuschütteln. Jeder von ihnen keimt normalerweise, und eine Kapsel liefert mehr Lilien, als Sie vermutlich in Ihrem Garten unterbringen können. Nehmen Sie die Samen der stärksten Pflanze, säen Sie sie in einer »Samendose« aus, und pflanzen Sie dann im nächsten Jahr die kleinen Zwiebeln in Reihen in einem Beet, wo Sie ein Auge auf sie haben können; am Ende des zweiten Jahres sollten Sie eigentlich schon einige Blumen pflücken können, nach dem dritten müßten die Lilien voll entwickelt sein. Wenn Sie diesen Prozeß jedes Jahr wiederholen, dann dürfte es Ihnen in Ihrem Garten eigentlich niemals an *L. regale* fehlen, doch Kosten würden für Sie dabei nicht entstehen.

Sie wissen natürlich, daß Sie das auch mit den kleinen schwarzen, knopfartigen Wurzeln am Schaft der Tigerlilie, *Lilium lancifolium*, machen können?

Für alle, die über die »Samendose« gestolpert sind, will ich das amüsante Verfahren näher erläutern. Sie brauchen ein Glas mit Drehverschluß, ein Einmachglas zum Beispiel; das füllen sie mit einer Mischung aus Lauberde, Torf und Lehm. Diese Mischung setzen Sie unter Wasser und quetschen sie aus, bis sie nicht mehr tropft, sondern zu einem feuchten Schwamm geworden ist. Danach geben Sie schichtweise je eine Schicht »Schwamm« und eine Schicht Samen in das Glas, bis es voll ist. Dann drehen Sie den Deckel fest, stellen das Glas in einem warmen Zimmer auf die Fensterbank und warten, bis die Samen an den Glasrand wandern, wo Sie sehen können, daß sie sich zu kleinen kaulquappenartigen Dingern entwickelt haben, die, wie Sie hoffen, irgendwann dann zu Zwiebeln werden.

Ich bin immer überrascht, wenn jemand normalen Rosmarin nicht erkennt. »Was ist das?« fragen die Besucher und betrachten die großen dunkelgrünen Büsche, die sich so großzügig auf der Einfahrt zu meinem Haus verbreiten. Ich hatte Rosmarin für eine unserer verbreitetsten Pflanzen gehalten, und sei es nur wegen seiner sentimentalen Assoziationen. Angeblich sorgte Rosmarin für ein besseres Gedächtnis, weshalb es ein Symbol für Treue unter Liebenden wurde. »Ein Zweiglein davon spricht eine stumme Sprache«, sagte Sir Thomas More; eine andere Legende verbindet ihn mit dem Alter Unseres Herrn, dreiunddreißig Jahre, danach wächst er nicht mehr in die Höhe, nur noch in die Breite. Eine romantische Pflanze, aber seltsamerweise auch eine ziemlich unbekannte.

Es gibt mehrere Rosmarinarten. Wir haben den normalen buschigen Typ, *Rosmarinus officinalis*, der als Busch gepflanzt oder auch zur Hecke beschnitten werden kann. Als Hecke gefällt er mir nicht so sehr, denn dem ständigen Beschneiden fallen die Blüten zum Opfer, die die Hälfte seiner Schönheit ausmachen. Es ist immerhin eine dichte Hecke, wenn Ihnen daran gelegen ist. Beschneiden Sie ja nicht das alte Holz. Es gibt außerdem den korsischen Rosmarin, *R. angustifolius Corsicus*, mit eher fedrigen Blättern und hellblauen oder fast enzianblauen Blüten; er sieht weniger robust aus als der normale Rosmarin und ist vielleicht nicht so zäh, aber so wunderschön, daß er eine geschützte Ecke durchaus verdient hat. Er haßt kalten Wind. Der kompakte, pyramidenförmige Rosmarin, der den schönen Namen *Miss Jessopp's Upright* trägt, erreicht innerhalb weniger Jahre Gardemaß. (Wer mag Miss Jessopp wohl gewesen sein? Das wüßte ich wirklich gern.) Es gibt auch eine kriechende, für Steingärten geeignete Art namens *Prostratus*, aber die ist nicht besonders zäh, und ich würde sie höchstens Bewohnern der wärmeren Grafschaften empfehlen. Sie läßt sich jedoch in gute Laune versetzen, wenn ihre Wurzeln zwischen Steinen gut geschützt und für Frost und Feuchtigkeit unerreichbar sind, dann entwickelt sie einen dankbaren, immergrünen Teppich und ist eine gute Deckung für die kleinen frühen Zwiebeln, die diesen Teppich schließlich durchbrechen, wie die Damentulpe, *Tulipa clusiana*, die Osterglocken, oder die winzigen Narzissen wie *Narcissus juncifolius* mit ihrem süßen Duft.

Wir sollten auch nicht vergessen, daß eine weißblütige Art des normalen Rosmarins erhältlich ist, was eine nette Abwechslung von den verbreiteteren blauen Blüten bedeutet.

Fast alle Rosmarinarten fühlen sich überall in der Sonne wohl, sie ziehen leichten und sogar kargen, sandigen, steinigen Boden vor. Im September geschnittene Ableger entwickeln sehr rasch Wurzeln, wenn sie fest in den Sand gesteckt und dort bis zum nächsten Frühling in Ruhe gelassen werden. Dann können sie ausgepflanzt werden.

Tulipa tarda

Wer sich nicht für Blumen interessiert, interessiert sich nicht für Blumen. Er kennt ihre Namen nicht, was verständlich ist, wir können schließlich nicht alle Gärtner oder Botaniker sein, aber er weiß auch nicht, wie er Blumen betrachten sollte. Er geht nach der Masse und ist entsprechend beeindruckt, doch die feineren Nuancen entgehen ihm – und damit entgeht ihm eine ganze Menge. Er muß noch lernen, daß es nicht immer auf Größe und auffälliges Aussehen ankommt.

Ich denke hier vor allem an die kleinen Tulpen, die jetzt bestellt und irgendwann bis Mitte Oktober gepflanzt werden sollten. Sie sind die Winzlinge der Tulpenfamilie; von der Größe her lassen sie sich nicht mit den großen Darwin-Hybriden und nicht einmal mit den Cottagetulpen vergleichen, deren Blüte wir im Mai erleben. Einer meiner Lieblinge unter den kleinen ist *Tulipa tarda*, manchmal auch *Tulipa dasystemon* genannt. Ich weiß wirklich nicht, wodurch sie die Bezeichnung *tarda* (träge) verdient, sie blüht nämlich als eine der ersten, ist also alles andere als träge. Sie wird höchstens fünfzehn Zentimeter groß, ist grünweiß gestreift, sehr hübsch, wenn die Blüte fest geschlossen ist, und noch viel hübscher, wenn sie sich in der Sonne öffnet und einen flachen, grünweißen Stern zeigt.

Es gibt außerdem *Tulipa linifolia*. Das ist eine kleine, leuchtend scharlachrote Tulpe aus Buchara in Zentralasien, dieser romantischen Gegend, die nur so wenige unter uns besuchen können, einem Paradies für wilde Blumen. *Tulipa linifolia* läßt sich ohne große Mühe in England anpflanzen, möglichst in sandigem Boden und soviel Sonne, wie unser Klima das nur gestattet.

Das gilt auch für die wilde griechische Tulpe *T. orphanidea*. Sie ist außen bronzebraun-gelb und öffnet sich in der Sonne zu einem Stern, der sich nach Sonnenuntergang zu einer spitzen Knospe schließt, um sich dann abermals zu einem Morgenstern von geöffneten Blütenblättern zu entfalten.

Beides sind Tulpen für diejenigen, die wissen, wie sie sie betrachten sollten. Wer lieber auffälligere Tulpensorten hätte, sollte sich einige Zwiebeln der *kaufmanniana* zulegen, der sogenannten Seerosentulpe. Ich finde sie ziemlich vulgär im Vergleich mit den Winzlingen, denen mein Herz und meine Liebe gehören; aber es wäre töricht, ihnen ihre eigene Schönheit absprechen zu wollen, eine Schönheit ähnlich der der Seerosen, denen sie ja schließlich auch ihren Namen verdanken.

Da ich diesen Artikel unterwegs schreibe, möchte ich ein wenig davon erzählen, was ich auf einer vierzehntägigen Reise gesehen habe, Dinge, die mir neu waren oder die ich ganz einfach vergessen hatte. Ich hatte zum Beispiel die im Sommer blühende malvenfarbene *Solanum crispum* (Nachtschatten) vergessen, die im August so nützlich ist, ein wenig empfindlich vielleicht, denn sie braucht eine warme Südwand. Vergessen hatte ich auch die weiße *Solanum jasminoides*, die ebenfalls im August blüht, eine äußerst elegante Kletterpflanze, ebenfalls ein wenig empfindlich, aber in den südlichen Grafschaften lohnt der Versuch sich doch. Vergessen schließlich war die weiße – oder eher cremefarbene – *Buddleia fallowiana alba* (Sommerflieder) mit ihren grauen Blättern, ziemlich ungewöhnlich und eine willkommene Abwechslung von der normalen malvenfarbenen Variante. *Buddleia nivea* hat noch grauere, wollige Blätter, sie sind fast so wollig und zottig wie die der alten geliebten Cottage-Pflanze *Stachys lanata*, auch bekannt als Eselsohr oder Wolliger Ziest. Ich hatte *Itea ilicifolia* (Rosmarinweide) vergessen, einen Strauch mit langen, grauweißen Kätzchen von sanfter Schönheit, duftend und leider empfindlich, der es vorzieht, sich gegen eine Mauer zu lehnen. Schließlich war auch noch *Berberis wilsoniae* (Berberitze), die eigentlich für alle mit einer Vorliebe für graugrüne Blätter wie geschaffen ist, aus meinem Gedächtnis verschwunden.

Dann sah ich eine strauchartige Pflanze, die ich später als *Abelia grandiflora* identifizieren konnte. Es ist wirklich ein überraschend hübscher Strauch; er entwickelt einen Schatz an spitzen, hellrosa Knospen, die sich zu rosaweißen Blüten öffnen. Er ist recht zäh, ich würde ihn allen empfehlen, die im August- und Septembergarten ein wenig Farbe sehen möchten.

Ein weiterer Strauch, den ich unterwegs gesehen habe, ist *Decaisnea fargesii*. Er wird auch Blauschotenbaum genannt, weil er im Herbst hellblaue Samenkapseln entwickelt, wirklich dekorativ. Er ist recht zäh und sollte in jegliche ungenutzte Ecke gepflanzt werden, einfach wegen seiner gelbgrünen Blüten und seiner stahlblauen Samenkapseln im Herbst.

Das alles sind kurze Eindrücke von meiner Reise; ich muß Ihnen aber noch nahelegen, *Indigofera dielsiana* (Indigostrauch) anzupflanzen, es ist einfach eine überraschend schöne Pflanze. Sie entwickelt lange Zweige voller rosavioletter, wickenhafter Blüten, die an die dreißig Zentimeter lang werden und sehr elegant aus ihrem zarten Blattwerk herausragen. Sie paßt sehr gut zur oben erwähnten malvenfarbenen *Solanum* oder, stelle ich mir vor, zur im August blühenden blauen *Ceanothus Gloire de Versailles* (Säckelblume) und vielleicht sogar zum blauen Bleiwurz *Ceratostigma willmottianum*.

Vorwurfsvolle Briefe treffen ein; wie kann ich denn nur den Augustgarten als langweilig und schwerfällig bezeichnen? Diese Briefe sind alle höflich und freundlich, aber es wird doch deutlich, daß ich ihre Absender verletzt habe. Einige zeichnen ein Bild von solcher Fröhlichkeit, daß ich mich wirklich schäme. Es stimmt natürlich auch, daß wir die Farbenpracht noch bis in den September hinüber retten können, wenn wir genug Zeit für die Einjährigen haben (und nicht allzuviel Platz ausfüllen müssen). Es fiel mir nicht schwer, mir die stolzen Gartenflecken vorzustellen, die meine Leser vor Augen hatten: Petunien, Leberbalsam, Löwenmäulchen, Portulak, Kosmeen, Bärenohr, Rittersporn, Levkojen, Verbenen, Zinnien ... bei der bloßen Erwähnung dieser Pflanzen mußte ich mir die Augen reiben. Dazu kommen dann noch winterharte Pflanzen wie Sonnenbraut, die flachköpfige gelbe Garbe, der Sonnenhut, die Korkadenblume (es gibt zwei besonders schöne, nämlich *Gaillardia aristata* und *Wirral Flame*). Und Dahlien. Und Gladiolen. Und Montbretien. Ja, vielleicht habe ich mich geirrt. Ich dachte wohl eher an schlampige Bäume, an überwucherte Hecken, an Dornbüsche, die den ersten Hauch von Herbst verströmen; und ich muß zugeben, daß meine Aversion gegen den Herbstgarten eher psychisch als auf Tatsachen gestützt ist. Ich kann den Gedanken einfach nicht ertragen, daß der Sommer zu Ende geht und der Frühling noch so weit in der Zukunft liegt.

Wie ich schon angedeutet habe, so pflanze ich außer Zinnien nicht viele Einjährige an, den Zinnien aber bleibe ich immer treu. Es gibt allerdings eine Blume, die sich in diesem Jahr als sehr dekorativ erwiesen hat und die sehr lange Blüten trug, sie blüht sogar jetzt noch. Und zwar *Venidio-Arctotis*, eine einigermaßen robuste, südafrikanische Margerite von enormer Größe, mindestens neun Zentimeter breit, mit leuchtenden, wie lackiert aussehenden orangefarbenen Blütenblättern und einem dunklen Ring in der Mitte. Warum, fragte ich mich, als ich diesem farbenfrohen Ding ins Auge schaute, warum gibt sich die Natur solche Mühe und zeigt sich so unermüdlich als emsige Erfinderin? Warum diese überflüssige Phantasie? Warum dieses ewige, unerklärliche Wunder der Variation? Soll das alles uns Menschen ansprechen oder eher Insekten auf Nektarsuche anlocken?

Es gibt Venidio Hybriden, die laut Katalog alle Farben zwischen Weiß und Zitronen- und Strohgelb haben; es gibt auch eine ungefähr dreißig Zentimeter hohe gelbe und orangefarbenen Mini-Art. Wer sie früh anpflanzen kann, in einem Behälter unter Glas, wie das mit halbwegs robusten Einjährigen zumeist gemacht wird, kann sich natürlich über früheres Blühen freuen; im Freien sollten sie, Ende Mai gesät und dann nicht mehr verpflanzt, von Anfang Juli bis weit in den August hinein blühen.

In diesem Monat bieten sich auch einige Bemerkungen über Kletterpflanzen an. Wir treffen unter den vielen erhältlichen Arten durchaus nicht immer die beste Wahl, und dabei ist die Spannbreite so groß, ob wir nun an einer Wand, über einer Bank, an einem Pfosten oder sogar in einem Torweg pflanzen oder ob wir die eleganteste Methode wählen und lange Zweige an einem alten Baum emporranken lassen, wo sie dann locker und ungehindert herabhängen und sich ausbreiten können.

Zu diesem Zweck eignen sich vor allem die kletternden Wichura-Rosen, da sie, mit wenigen Ausnahmen wie *Albertine* und *Albéric Barbier*, an Wänden Mehltau entwickeln und sich gern von der Luft durchpusten lassen. *Felicité Perpétue*, die an zwei junge Frauen erinnern sollen, die A. D. 203 in Karthago den Märtyrertod erlitten, wird an einem Baum fast sieben Meter hoch, und das paßt zu ihrem Namen, denn St. Perpetua wurde die Vision einer wundervollen Leiter zuteil, die in den Himmel reichte. *François Juranville*, rosa und graubraun, ist von weniger energischem Wuchs, aber äußerst anmutig. Zu den anderen Wichura–Rosen mit starrerer Haltung als die Kletterrosen gehören *New Dawn* und *Everblooming Dr. W. van Fleet*, meiner Ansicht nach zwei der besten, im Sommer blühen sie üppig und zeigen ein zartes, aber klares Rosa-Weiß. *Emily Gray*, die als zart gilt, was ich aber bisher nicht bestätigen kann, wenn sie an einer Südwand gepflanzt wird, hat große blaßgelbe Blüten und dunkelgrüne glänzende Blätter; *Cupid*, eine Teehybride, rosa mit goldenem Mittelknauf, und *Elégance*, von cremigem Weiß, sind ebenfalls sehr zu empfehlen. *Mermaid* ist vielleicht zu bekannt, um noch erwähnt werden zu müssen, aber sie sollte niemals vergessen werden, wegen ihrer blaßgelben Blüten, flach und jede für sich geöffnet, und wegen ihrer späten Blütezeit, die erst einsetzt, wenn die meisten anderen Kletterer ihren Zenit überschritten haben. Ich möchte noch hinzufügen, daß Bewohner der kalten Gebiete bei *Mermaid* auf der Hut sein sollten.

Bei einer so reichen Auswahl ist es schwer, alle zu erwähnen, die eine Erwähnung verdient haben, aber auf jeden Fall muß ich *Allen Chandler* anführen, von wunderbarem Rot und nur halbgefüllt, die den ganzen Sommer hindurch blüht. Es ist sicher keine Rose für ein Haus aus neuen Ziegeln, aber vor grauem Stein oder weißer oder überhaupt jeglicher bunter Tünche unübertroffen. Wenn Sie sich eine weiße Rose wünschen, mit einem Hauch von Rosa, mit süßem Duft, die noch dazu kräftig ist und selten keine Blüten trägt, dann sollten Sie *Mme. Alfred Carrière* ausprobieren, am besten an einer sonnigen Wand, doch auch für westliche und sogar nördliche Ausrichtung noch geeignet; soll es eine gelbe, eine sehr tief gelbe Rose sein, dann pflanzen Sie *Lawrence Johnston*, von der wir allerdings sagen müssen, daß auf die erste üppige Blüte zumeist nicht mehr viele Blüten folgen.

Schließlich sollten wir nicht vergessen, daß die meisten der beliebtesten Teehybriden auch als Kletterer erhältlich sind, sogar die meiner Ansicht nach schrecklich grobe, aber immer beliebte *Peace*.

Ich habe in dieser Kolumne einmal über eine kleine Rasenfläche geschrieben, die ich aus veredelten Sorten des gemeinen kriechenden Thymian angelegt hatte. Dieser Artikel jedoch soll von den anderen Sorten handeln, die zu buschig oder zu drahtig für diesen Zweck sind. Ein schmales Beet an einer sonnigen Stelle, sagen wir vor einem Schuppen oder einer Hauswand, in dem verschiedene Thymiansorten wachsen, bietet sicher einen entzückenden Anblick, duftet betörend und erfreut die Bienen. Thymian hat den Vorteil, daß er kargen, steinigen Boden vorzieht, wie man ihn oft an Baustellen findet, wo die Bauarbeiter Bauschutt, Mörtel und Sand abgeladen haben; an Stellen, an denen anspruchsvollere Pflanzen nicht wachsen, wenn wir nicht zuerst mit großer Mühe den ganzen Schutt wieder entfernt haben.

Diese Überlegung wird sicher den praktischen Gärtner mindestens ebenso ansprechen wie die eher romantischen Assoziationen, die wir mit Thymian verbinden. Wir haben inzwischen vermutlich vergessen, das »thymianduftend« ein Ausdruck war, mit dem die alten Griechen einen besonders eleganten literarischen Stil belegten; oder daß die Damen im Mittelalter einen Thymianzweig mit einer Biene stickten, als Symbol für Mut, den ein Absud aus Thymian gibt, und Tatkraft, wofür die Biene steht; oder daß genau dosierte Einnahme von Thymian die Fähigkeit verlieh, Feen zu sehen; oder daß empfohlen wurde, »bey Hektick oder Lethargie« Thymian zu verabreichen, der noch dazu von Alpträumen und Melancholie befreien sollte.

Angeblich gibt es vierundzwanzig verschiedene Thymiansorten, aber nur wenige Gärtner werden in ihrem Beet Vollständigkeit anstreben.

In dem schmalen Beet meiner Vorstellung, sagen wir, nicht breiter als einen Meter, sollte ein halbes Dutzend Arten ausreichen. Vorne würde ich niedrigwüchsige Sorten anpflanzen, *Thymus pseudolanuginosus*, den grauen wolligen Thymian, und *T. herba-barona*, auch Kümmelthymian genannt, weil er in früheren Zeiten durchaus auch als Speisewürze Verwendung fand.

Hinter diese niedrigwüchsigen Sorten würde ich die strauchartigen setzen. Den goldenen Thymian, *T. citriodorus Aureus*, den silbrigen, *T. citriodorus Silver Queen*, die beide nach Zitrone riechen, wie ihr Name ja schon andeutet, sowie *T. praecox*, einen heidekrautartigen, kleinen Strauch, und *T. nitidus*, ungefähr einen Fuß hoch, mit lila Blüten.

Alle diese Sorten kann man als Pflanzen, manche auch als Samen kaufen, sie sollten im März oder frühen April gesät werden; angeblich jedoch riechen die zitronenduftenden noch süßer, wenn sie aus Ablegern oder kleinen bewurzelten Teilen gezogen werden, die jederzeit zwischen Mai und September geschnitten werden können. Es ist also noch nicht zu spät, um um überzählige Reste zu bitten oder bei einem Züchter zu bestellen, wenn man noch in diesem Herbst pflanzen will. Darf ich noch anregen, daß es in den frühen Monaten des Jahres Vergnügen und Farbe schenken wird, wenn Sie dazwischen kleine Zwiebeln von Frühlingsblütern setzen?

Eine der schönsten der im frühen Herbst blühenden Knollengewächse ist zweifellos die Bogenlilie. So wird sie gemeinhin genannt, botanisch dagegen ist sie bekannt als *Cyrtanthus purpureus* oder *Vallota speciosa*. Wie die

Belladonnalilie gehört sie zur Familie der Amaryllidaceae und stammt aus Südafrika. Sie gilt zumeist als Topfpflanze für ein kühles Gewächshaus, und ihre Robustheit ist immer wieder angezweifelt worden. In den 1880er Jahren bemerkte William Robinson, daß die Freilandzucht dieser Pflanze mehr Sorgfalt erfordere, als ihr bisher erwiesen worden sei. 1915 notierte Mr. E. A. Bowles, er habe sie drei Jahre hintereinander mit Erfolg im Freien gezogen, bis ein feuchter Herbst und ein kalter Winter seine ganze Zucht dermaßen erbarmungslos vernichteten, daß er nie mehr einen neuen Versuch wagte. Dies alles legt den Schluß nahe, daß wir sie an die wärmste zugängliche Stelle setzen sollten, wenn wir sie im Freien pflanzen wollen, zum Beispiel vor eine Südwand. Sie sollte dann ziemlich tief, vielleicht achtzehn Zentimeter, eingegraben, großzügig mit Sand umgeben und im Winter mit Farn oder Kieferzweigen bedeckt werden. Wie die Belladonnalilie weiß sie Wasser zu schätzen, wenn die ersten Blätter kommen, in ihrer Ruhezeit von November bis März oder April indessen sollte sie trocken gehalten werden, ein Rat, der sich leichter befolgen läßt, wenn sie in Töpfen unter Glas wachsen kann. Im Garten könnte eine Glocke die Lösung sein.

Die Haltung in Töpfen ist kein großes Problem, häufiges Umtopfen ist nicht erforderlich, und sie scheint sich in übervölkerten Töpfen, die eigentlich zu klein für eine so dicke Zwiebel sein sollten, besonders wohl zu fühlen.

Ihre Farbe wird zumeist als scharlachrot oder helles

scharlachrot beschrieben, aber das finde ich irreführend, fast so irreführend wie das botanische Adjektiv *purpureus*. Scharlachrot mag die offizielle Benennung auf den Farbtafeln der Royal Horticulture Society sein, aber diese Farbe läßt mich eher an den Uniformrock eines Gardisten oder die Zonalpelargonie denken, die ja nicht umsonst Grenadier heißt. Wenn wir von dem Unterschied zwischen einer harten Substanz und einem durchscheinenden Blütenblatt absehen, dann können wir getrost von Korallenrot sprechen. Ich habe beides nebeneinander gehalten, und wenn sich um diese Jahreszeit noch eine vereinzelte Blüte der Zierquitte *Chaenomeles* zeigte, was manchmal vorkommt, dann würden wir wohl kaum einen farblichen Unterschied finden. Doch auch diese *Chaenomeles* Variante wird als scharlachrot bezeichnet, und deshalb stimme ich mit den Autoritäten ganz und gar nicht überein, und dabei werde ich auch bleiben.

Am letzten Sonntag habe ich die noch recht neue Methode erwähnt, mörtellose Mauern aus Torfblöcken zu errichten. Diese Vorgehensweise wird vermutlich vor allem den fortgeschrittenen oder fortschreitenden Gärtner ansprechen, der kleine, wählerische Pflanzen anbauen möchte, die Kalk verabscheuen und extrem säurehaltigen Boden verlangen.

Eine solche Mauer, die zwischen zwei und vier Lagen

Andromeda polifolia

hoch sein kann, bauen Sie, indem sie jede Lage einige Zentimeter weiter nach hinten setzen als die untere und den Raum dahinter dann mit einer üppigen Mischung aus verrotteter Lauberde, Torf und Knochenmehl füllen. Denken Sie daran, daß diese Füllung zunächst noch absinken wird, legen Sie sich also einen Vorrat zum Nachfüllen zu. Wenn Sie Ihre Mauer nicht gegen einen Hang stützen können, dann können Sie sie, wenn Sie wollen, als Viereck, als Kreis oder als Rechteck anlegen. Das gibt Ihnen eine Mauer in jeder Windrichtung, an denen sie die Pflanzen ihren Bedürfnissen gemäß verteilen können. Ramonden zum Beispiel sollten immer nach Norden hin wachsen; Enzian (*Gentiana*) dagegen zieht eine Mittelstellung vor, die ihm tagsüber einigen Sonnenschein gibt, der jedoch nicht zu erbarmungslos werden darf.

Dann kommt der aufregende Moment, in dem Sie Ihre Pflanzen setzen. Sie haben sie sicher in Töpfen von einem Züchter geholt, einige blühen schon, und das bringt Ihnen das seltene Vergnügen, sofort eine Wirkung zu sehen. Außerdem können Sie sie vor dem Einpflanzen an verschiedenen Stellen ausprobieren und sich ein Bild von Farbeffekten und Zusammenspiel machen.

Was Sie pflanzen, hängt natürlich von Ihren persönlichen Vorlieben ab, aber ich würde zu einer großzügigen Portion von herbstblühendem Enzian raten, dessen blaue Trompeten sich vor dem dunklen Torfhintergrund hervorragend machen. *Lithospermum diffusum Grace Ward* (Steinsame), eine Hängepflanze von fast ebenso intensivem

Blau, blüht fast den ganzen Sommer hindurch und sollte frei über der Mauer hängen dürfen. *Mertensia echioides* (Blauglöckchen) ist, an kühlen Stellen, im Sommer ebenso blau, und einige der kleineren Primeln wie *Primula frondosa* und *P. farinosa* mit ihren mehligen grauen Blattrosetten und winzigen rosa Blütenköpfen sind in kleinen Gruppen dazwischen von entzückender Wirkung.

Die bekannte *P. rosea* mit ihrem tieferen Rosa sollte bald Knollen bilden, die lila *P. marginata* mit ihren seltsamen gezackten Blättern bietet eine farbliche Abwechslung. Ehrgeizigeren Gemütern rate ich zu *P. vialii*, die eine Höhe von ungefähr fünfundvierzig Zentimetern erreichen können und wunderschöne Blüten tragen, spitz wie walisische Hauben, aber rot und lila, nicht schwarz.

An der flachen Oberfläche würden einige Zwergsträucher sicher einen interessanten Kontrast bilden. Wieder gilt hier der persönliche Geschmack. Es gibt niedrigwüchsige Azaleen und Rhododendren, es gibt die große Familie der *Erica* oder des Heidekrauts, es gibt die entzückende *Andromeda polifolia* (Lavendel- oder Rosmarinheide), die etwas über dreißig Zentimeter hoch wird, wie eine Miniaturkalmie (Lorbeerrose), deren Blüten jede aussehen wie eine winzige Sonnenhaube aus Chintz; es gibt einen hübschen, im Frühling blühenden Strauch mit dem ungerechten Namen *Menziesia ciliicalyx* var. *purpurea*, mit einer tiefrosa Blüte, die im Herbst Farbe ins Beet bringt; es gibt *Gaulnettya Wisley Pearl*, die im Frühling weiße Blüten trägt und später rote Beeren entwickelt; und schließlich möchte ich noch auf *Daphne blagayana* hinweisen, eine meiner Lieblinge, teilweise wegen ihres starken, süßen Geruchs.

Diese Seidelbastart hat lange, holzige Schößlinge, die mit Holznägeln befestigt oder mit Steinen beschwert werden sollten, nachdem man in den Stengel an der Stelle, wo er in den Boden gedrückt werden soll, einen schrägen Schnitt gemacht hat. Dort wird sich im Laufe der Zeit eine seesternförmige Knolle mit einem Umfang von fast einem Meter bilden.

Ich möchte noch auf einige Ideen zurückkommen, die ich aufgeschnappt habe, als ich unterwegs war. Wir lernen sehr viel, wenn wir uns die Gärten anderer Leute ansehen. Mir fielen unter anderem folgende Rosen auf: *Rosa Independence*, mit ihrer schwer zu beschreibenden Farbe, vielleicht ein wenig wie mit Grau leicht bestäubtes Tomatenrot. Sie müßte eigentlich gut zur kupferroten Polyantha-Rose *Fashion* passen, einer sehr wirkungsvollen Rose. Ihr fehlt die Feinheit der *R. Independence*, im Beet oder als Schnittblume macht sie jedoch recht viel her. Inzwischen gibt es eine ganze Bandbreite der kupferrot-orangefarbenen Rosen, *Orange Sunblaze* und *Opéra* empfehlen sich gleichermaßen. Wer ein feines, reiches Gelb mit besonders süßem Duft sucht, wird *Fortune's Double Yellow* ebenso hinreißend finden, wie das bei mir der Fall ist. Was ich wirklich für einen Druckfehler halten muß, ist die

Tatsache, daß ihr im Katalog nur ein X für Duft zugebilligt wird, meiner Ansicht nach verdient sie drei.

Es gibt auch die zweifarbigen Rosen, gelb auf der einen Seite des Blütenblattes, rot-orange auf der anderen, was einen außergewöhnlich leuchtenden Effekt hat. Sie ähneln der alten Strauchrose *Austrian Copper*, Rosenzüchtern sehr vertraut, aber oft auch ein Moment der Verzweiflung, da sie für allerlei Schädlinge anfällig ist; aber auch dem umwerfenden Strauch-Kletterer *Réveil Dijonnais*, den ein mir bekannter Gärtner starrköpfig als Revil Die-Johnny bezeichnet. Diese Sorte sollte häufiger gepflanzt werden, denn sie ist äußerst ansehnlich und blüht in regelmäßigen Abständen während des ganzen Sommers. Leider hat sie einen schlimmen Fehler: Sie verbleicht zu einem wahrhaft entsetzlichen kränklichen Zartlila, und wenn Sie keine Zeit haben, um jeden Morgen die absterbenden Blüten zu entfernen, dann sollten Sie lieber darauf verzichten.

Wenn Sie jedoch, so wie ich, die zweifarbigen Rosen lieben und etwas Zuverlässigeres in derselben Farbe wollen als *Austrian Copper*, dann sollten Sie es mit *Sultane* und *Madame Dieudonné* versuchen.

Ich sehe, daß dieser Artikel sich in eine Symphonie aller wilden Abendrottöne verwandelt hat, in eine Art Westhimmel nach einem stürmischen Tag. Die Abendfarben passen im Garten, anders als am Himmel, nicht immer gut zueinander. In einem Garten sollten sie von den Nelken getrennt werden und wenn möglich ihren eigenen

Bereich haben. Ich weiß, daß sich heutzutage nur wenige Gärten diese Extravaganz leisten können, aber ich kann mir doch eine Abtrennung durch eine Hecke vorstellen, hinter der nur das Glühen der blut-orange-gelben Rosen zugelassen wäre.

Seit zwei oder drei Jahren versuche ich, eine Pflanze namens *Tropaeolum polyphyllum* aufzustöbern, die ursprünglich aus Chile stammt. »Aufstöbern« ist in der Tat das richtige Wort, denn sie vergräbt sich so tief im Boden, daß sie einfach nicht mehr wiederzufinden ist. Alle Bemühungen, aus dem Garten einer Freundin, wo sie wie Unkraut gedeiht, eine Knolle zu übernehmen, waren vergeblich, sie brach einfach ab, und der Hauptteil der Knolle ist jetzt vermutlich irgendwo halbwegs zwischen Kent und den Antipoden unterwegs. Nun habe ich aber innerhalb einer Woche zwei Anzeigen von zwei verschiedenen Gärtnereien gesehen, eine bemerkt, »aus irgendeinem Grund ist diese Pflanze heute sehr selten geworden«.

Das sollte wirklich nicht so sein, denn diese zur Familie der Kapuzinerkresse gehörende Pflanze ist sehr schön und dekorativ, sie blüht im Juni in langen, kriechenden hellgelben Trompeten, die fast einen Meter aus den graugrünen Blättern herausragen. Ich kann sie nicht schöner beschreiben als einer der sie anbietenden Gärtner: »Sie ist mit ihren graugrünen Blättern und ihren Blütengirlanden von wunderbarer Wirkung.« Das ist wirklich der Fall. Ich muß an goldene Schlangen vor meergrünem Hintergrund denken. Die ideale Pflanzstelle müßte eine mörtellose Mauer in einem Cotswoldgarten sein, wo sie ihre Wurzeln in kühle Spalten schmiegen und ihre Blütengirlanden als goldene Wasserfälle über eine kleine vertikale Klippe dieses schönen Steins schlingen könnte. Sie würde sich aber auch in einem Steingarten gut machen, sie braucht Stein geradezu als Hintergrund und ist deshalb für Beete oder Rabatten nicht so gut geeignet.

Die Moral dieser Vorliebe für tiefes Wurzeln ist, solche Pflanzen von Anfang an tief zu setzen, mindestens dreißig bis fünfzig Zentimeter. Ich stelle mir vor, daß sie wie ihre Verwandte *Tropaeolum speciosum*, die flammenfarbene Kapuzinerkresse, die in Schottland so gut und in England so wenig gedeiht, nichts gegen ab und zu ein wenig Schatten hätte. Machen Sie sich keine Sorgen, wenn sie während des Winters ganz und gar verschwindet; im Frühling taucht sie dann wieder auf. Sie hat außerdem die angenehme Angewohnheit, sich mit allem zu verschlingen, was in der Nähe wächst, und an den überraschendsten Stellen wieder aufzutauchen.

Eine nützliche, im September blühende Klematis ist *Clematis flammula*. Ich würde nicht empfehlen, sie an eine wichtige oder auffällige Stelle zu setzen, ihre vielen kleinen Blüten sind absolut nicht aufsehenerregend, aber an einem groben Schuppen oder Gerätehaus freuen sich Vorübergehende sicher über ihren moderigen Geruch. Für diese Klematis spricht, daß sie auch an Stellen gedeiht, wo es niemals Sonne gibt, selbst an einer grausam dunklen Nordwand bietet sie ein Bild der Zufriedenheit. Es gibt eine blaßrosa Variante, die sich vielleicht besser macht, aber mit dieser habe ich noch keine Erfahrung gemacht.

Ein Punkt oder Ausrufezeichen ist in einem Garten oft von extremer Bedeutung, etwas, das den Blick fängt und die Aufmerksamkeit an eine wichtige Stelle lenkt. Zu diesem Zweck könnte nichts effektiver sein als irische Eibe, deren aufrechte, kompakte Haltung sie zur Zypresse unseres Landes gemacht hat. Sie kann über viele Jahre hinweg so adrett und schlank wie eine Zypresse gehalten werden, wenn ihre Zweige von früher Kindheit an sorgfältig eingebunden werden, bis sie dann ihre endgültige Höhe von sechs Metern und mehr erreicht hat. Schon der sehr junge, noch keine zwei Meter hohe, spitze Baum sieht angenehm erwachsen aus, ein Eindruck, der sicher seiner dunklen Erscheinung und seiner ernsten, aufrechten Haltung zu verdanken ist.

Ist die Geschichte seiner Herkunft zu bekannt, um hier noch einmal wiederholt zu werden? Offenbar fand vor fast zweihundert Jahren ein Mr. Willis auf seinem Pachthof in den Hügeln von Co. Fermanagh Setzlinge einer Variante unserer normalen einheimischen Eibe *Taxus baccata*. Mr. Willis erkannte sofort den Unterschied. Er behielt einen seiner beiden Setzlinge, den anderen brachte er seinem Großgrundbesitzer auf Florence Court, wo dieser bis heute überlebt hat, die matriarchale Ahne aller irischen Eiben, die jetzt in den Baumschulen auf Ihre Bestellung warten.

***

Der gutinformierte Leser mag an dieser Stelle einwenden, daß die ersten jungen Bäume zu Beginn dieses Jahrhunderts wildwachsend in Sussex gefunden wurden, doch niemand wußte, wie sie dort hingekommen waren. Es handelte sich um männliche Bäume, und wer kann wissen, ob sie nicht aus irgendeinem Garten entwischt waren?

Als wichtiger Hinweis für alle, die Eibenbäume oder -hecken in ihrem Garten haben und feststellen, wie eine Art häßlicher schwarzer Ruß ihre Bäume überzieht, möchte ich hier darauf hinweisen, daß diese Infektion sich kurieren läßt, indem man die Bäume im September und März mit einer Mischung aus Lampenöl und Nikotin einsprüht. Ein schuppiges Insekt verbreitet sie, das auf der Unterseite der Blätter als winziger brauner Fleck zu erkennen ist und dessen Exkrement die zu Recht »Rußfäule« genannte Fäule verursacht. Ein befallenes Blatt fühlt sich an wie die Werkzeuge eines Schornsteinfegers. Das Exkrement selber heißt Honigtau – schlimm, daß ein so hübsches Wort eine so unappetitliche Bedeutung angenommen hat.

Die Schuppen sollten so schnell wie möglich verschwinden, und wenn die Eiben schon ernsthaft gelitten haben, müssen sie erst wieder aufgepäppelt werden. Trockenes Blut oder ein spezieller Eibendünger namens Taxus bieten sich an, Sie können aber auch um jede Pflanze im April, Mai und Juni eine Handvoll salpetersaurem Natron und Sand streuen. Das ist aber wohl eher anregend als nährend. Die Mixtur darf keinesfalls Stamm oder Blätter berühren.

Nachdem ich über die irische Eibe geschrieben hatte, fiel mir ein, daß manche durchaus Vorurteile gegen Eiben hegen. Sie assoziieren sie mit Beerdigungen. Das ist natürlich nicht ganz an den Haaren herbeigezogen, Eiben werden nun einmal oft auf Friedhöfen angepflanzt, und gegen Vorurteile lassen sich auch keine Einwände machen. Für alle also, die in ihrem Garten keine Eibe wollen, möchte ich einen Ersatz vorschlagen, den irischen Wacholder *Juniperus communis Hibernica* oder *virginiana Fastigiata*. Er hat die gleiche aufrechte, säulenähnliche Gestalt und macht sich gut als Punkt oder Ausrufezeichen, wie ich sie als Blickfang empfohlen habe, ist aber durch seine blaugrüne und ein wenig leuchtende Farbe weniger streng und düster. Ich mag alle düsteren Bäume, vielleicht weil ich einen Hang zur Melancholie habe; auf jeden Fall mag ich den dunklen Hintergrund, den sie bilden, der mich an italienische Zypressen und spanische Schirmkiefern erinnert.

Wacholder hat viele Vorteile. Zum einen liebt er Kalk, was bedeutet, daß Besitzer von Gärten mit alkalischem, kalkreichem Boden ihn voller Optimismus pflanzen können. Was nicht bedeutet, daß er anderswo nicht wächst. Ich habe einen Kriechwacholder gesehen, der auf Moorboden in Schottland wuchs und sich munter in einer baumbestandenen Gegend unter Gelbbirken verbreitete. Ich nahm einen Arm voll toter Zweige mit nach Hause und benutzte sie als verbrennbare Schürhaken für meinen Kamin, ich schwenkte sie im Zimmer umher wie alte Lavendel- oder Rosmarinzweige, und ihr Geruch war so nachhaltig wie Weihrauch, aber zugleich viel frischer und weniger schwer. Ich hielt diesen Wacholder für *J. horizontalis*, offenbar die einzige Art, die keinen Kalkboden bevorzugt, erfuhr dann aber auf genauere Nachfrage, daß ich es mit dem ganz normalen Wacholder zu tun hatte, der während des Winters von Wild und Kaninchen abgenagt worden war.

Unter den bleichen Gelbbirken zog er sich als wunderschöner, starrer dunkler Teppich dahin. Kleine sickernde Bäche boten natürliche Bewässerung. Ihre Wasser rieselten wie berstende Perlen über die flachen Steine. Sofort wünschte ich mir nicht einen mehr oder weniger gesitteten, sondern einen restlos ungezähmten Garten, umrahmt von wildem Waldland. Ich will mich aber über meinen Garten wirklich nicht beschweren. Er ist eigentlich das, was ich will, und ich bin mit ihm zufrieden, außer in den Momenten, in denen er mich zur Verzweiflung treibt und in denen ich mir einen ganz, ganz anderen Garten ersehne, einen Garten in Spanien, einen Garten in Italien, einen Garten in der Provence, einen Garten in Schottland.

Man kann nicht alles haben und darf nicht zu gierig sein. Und da ich an meinem mehr oder weniger gesitteten Garten hänge, möchte ich den irischen Wacholder allen empfehlen, die sich einen klaren Blickfang wünschen. Ein solcher Blickfang ist von architektonischem Wert und noch in kleinsten Gärten von großer Bedeutung.

Kreuzkraut im üblichen Sinne des Wortes ist ein Gewächs, das eigentlich nur das Entzücken von Kanarienvögeln erwecken kann. Wellensittiche fallen ebenfalls gierig darüber her, die armen Wichte wissen nämlich nicht, daß zuviel Kreuzkraut bei ihnen zum falschen Zeitpunkt die Mauser auslöst. Gärtner rotten die Art, die mit Recht *vulgaris* genannt wird, aus, wo sie nur können.

Kreuzkraut, oder botanisch *Senecio*, ist eine Gattung von reicher Variantenbreite und vielen Eigenheiten. Es gibt mehr als fünfzehnhundert verschiedene Spezies auf der ganzen Welt, was es zur größten bekannten botanischen Familie macht. Es läßt seinen Samen durch Autoreifen und Soldatenstiefel und früher auch in den Futtersäcken von Pferden weitertragen, so daß die Pflanzen einer Spezies, die eigentlich für die Hänge des Ätna gedacht waren, sich heute auch in Bombentrichtern und an Bahndämmen in England finden. In den zentralafrikanischen Gebirgen erreicht das Baumkreuzkraut eine Höhe von mehr als sechs Metern und dominiert damit die Landschaft. Wer Mr. Patrick Synges hinreißendes Buch *The Mountains of the Moon* gelesen hat, erinnert sich sicher an die Abbildungen dieser beunruhigenden Pflanze. Ich finde es beruhigend, daß sie sich in unserem Klima nicht einleben könnte.

Doch es gibt immerhin mindestens zwei für den Septembergarten geeignete Formen von Kreuzkraut. Die eine ist *Senecio clivorum*, auch *Ligularia dentata* genannt. Diese Art ist recht bekannt: Sie hat hübsche Blätter, und ihre Blüten ähneln großen orangefarbenen, sternförmigen Margeriten. Sie ist ziemlich rauhe Verhältnisse gewohnt und wird deshalb zumeist in wilde, vernachlässigte Ecken des Gartens verbannt, vor allem an feuchte Stellen, denn sie liebt Feuchtigkeit, gedeiht aber auch sonst überall, sogar im Schatten. Ich würde sie anspruchsvollen Gärtnern niemals ans Herz legen, aber alle, die im Frühherbst ein wenig helle Farbe mögen, so wie ich, werden sie zu schätzen wissen. Sie verträgt sich gut mit der normalen orange blühenden Montbretie und dem gelben, strauchartigen *Hypericum* (Johanniskraut), mit Fackellilien und einigen Dahlien und Gladiolen. Eine solche Kombination kann wirklich einen umwerfenden Anblick bieten. Ich wünschte, ich hätte mehr Platz, im *Observer*, meine ich, nicht in meinem Garten, dort habe ich mehr Platz, als ich bewältigen kann. Ich lasse mich mitreißen, baue unmögliche Luftschlösser und muß mich zusammenreißen und auf das Wesentliche beschränken.

Das nächste Wesentliche ist *Senecio tanguticum*, eine weitere Kreuzkrautart, die mir ein befreundeter Gärtner mit der Warnung zukommen ließ, daß es sich sehr gern breitmacht. Das fand ich beunruhigend. Ich dachte, es könnte sich auf eine Weise breitmachen, die mir gar nicht lieb wäre. Aber da hatte ich mich geirrt! Ich hätte mich auf den Geschmack meines Freundes verlassen sollen, statt es in eine abgelegene Ecke zu pflanzen. Es ist nämlich wunderschön, mit seinen spitzen Blüten von bestem Buttergelb, es ist elegant und hervorragend für Blumenarrangements im Haus geeignet.

Letzte Woche habe ich zum Anpflocken von *Daphne blagayana* geraten, einer Pflanze, die eine solche Behandlung wirklich verlangt, weil sie sonst verkümmert. Und dabei fiel mir ein, wie befriedigend diese Art der Verbreitung doch sein kann. Ich nehme an, daß alle Nelkenzüchter irgendwann einmal seitliche Ausläufer mit dicken Haarnadeln in eine Sandgrube gelenkt haben, aber Amateurgärtner scheinen oft nicht zu wissen, wie viele Sträucher und Kletterpflanzen sich zum Hervorbringen von

Ablegern eignen. In kurzer Zeit können wir auf diese Weise eine richtige Baumschule aus kleinen, bewurzelten Ablegern zusammenbringen, ohne Kosten und mit sehr geringer Mühe.

Möglich ist das jederzeit, vor allem aber empfehlen sich Herbst und Frühling. Anders als beim Schneiden von Ablegern, bei dem auch den Fachleuten immer wieder einiges eingeht, wurzeln die beim Absenken entstandenen Ableger fast immer. Wie ich es bei *Daphne blagayana* erklärt habe, so wird an der Stelle, wo der Stengel im Boden befestigt werden soll, ein schräger Einschnitt gemacht, dann wird der Stengel mit Erde bedeckt und mit einem Stein befestigt. Noch besser wäre es, einen Blumentopf in ein Loch zu setzen, mit guter Erde zu füllen und die Einschnittstelle hineinzupressen. Wenn der bewurzelte Ableger dann nach etwa einem Jahr von der Mutterpflanze getrennt werden kann, kann der Topf, ohne seinen Bewohner zu stören, aus dem Boden genommen werden, was besonders wichtig ist bei Pflanzen, die auf Störungen gereizt reagieren, wie z. B. die Clematis.

Geißblatt (*Lonicera*) senkt manchmal auf eigene Faust ab, das sollten Sie bedenken, wenn Sie Ihre Vorräte vergrößern wollen. Auch Azaleen werden zumeist auf diese Weise vermehrt, allerdings dauert es seine Zeit, bis eine junge Pflanze eine brauchbare Größe erreicht hat. Es ist nicht immer möglich, einen Trieb zum Boden zu lenken, ohne ihn abzubrechen, doch dieses Problem kann dadurch gelöst werden, daß wir einen Topf auf die benötigte

Höhe bringen, mit Hilfe einer alten Holzkiste zum Beispiel, wobei wir den Topf keinesfalls austrocknen lassen dürfen. Das ist die leichteste Methode zur Vermehrung von Magnolien, deren seitliche Zweige zumeist recht hoch am Stamm ansetzen und oft zu brüchig und zu wenig flexibel sind.

Ich glaube, die ersten Sträucher mit der Neigung zur Selbstabsenkung, die meine Aufmerksamkeit erregten, waren der würzig duftende *Calycanthus occidentalis* (Gewürzstrauch) und C. *floridus* (Karolina-Nelkenpfeffer). Beide empfehlen sich für sonnige Stellen, denn ihre braunroten Blüten entwickeln sich im Juni und blühen dann bis in den September hinein. Ich ziehe C. *occidentalis* vor, denn er ist zwar auswuchernder als C. *floridus*, doch seine Blüten sind röter und die Blätter riechen aromatischer, wenn sie zerstoßen werden. Sie bevorzugen lehmigen Boden, und ich sollte vielleicht noch darauf hinweisen, daß sie für Vieh giftig sind.

Ein leicht sehnsüchtiger Brief bittet mich, Pflanzen für den Steingarten zu empfehlen, die im August blühen. Meine Leserin muß mir einen gewissen Spielraum zubilligen, ich möchte Juli und September ebenso einbeziehen, denn Pflanzen halten sich niemals genau an den Kalender. Vieles ist situationsgebunden, es kommt auf die Lage an, die Witterung, die Häufigkeit von Sonnenschein und Regen, und es gibt noch Dutzende von anderen wichtigen Faktoren. Wir können nur grob kalkulieren, aber immerhin können wir eine kurze Liste aufstellen.

Ich kann vielleicht erraten, welche Probleme meine Leserin hat. In den frühen Monaten ist ihr Steingarten vermutlich sehr bunt, aber die Farben verblassen, wenn Mai und Juni vorüber sind. Ich fürchte, wenn sie keine sehr erfahrene und kenntnisreiche Gärtnerin ist – doch dann würde sie mich sicher nicht um meinen Rat bitten –, wird sie im Hochsommer niemals dieselbe explosive Farbenpracht genießen können wie im Frühling. Aber sie braucht deshalb nicht den Mut zu verlieren, wenn sie sich mit einigen Stellen zufriedengibt, die sie voller Freude und Stolz betrachten kann, auch wenn die sich nicht mit den Farbseen vergleichen lassen, die ihre Freunde früher im Jahr so lautstark gelobt haben.

Sie grämt sich über die trüben Monate Juli und August. Sie möchte etwas, das ihren Steingarten während dieser Zeit vor noch weitergehender Trübseligkeit bewahrt. Und da gibt es durchaus Hilfe. Es gibt die im August und September blühenden Enzianarten, die ich immer wieder gern empfehle, wenn ihnen kalkfreier Boden geboten werden kann. Es gibt die leuchtend rote *Zauschneria californica* (Weidenröschen), eine hinreißende scharlachrote Kriechpflanze, es gibt die hübsche kleine *Calceolaria biflora* (Pantoffelblume), die sich im Halbschatten besonders wohl fühlt, es gibt die malvenfarbene *Linaria alpina* (Leinkraut), die sich leicht aus Samen ziehen läßt und die zwischen Juni und September ununterbrochen blüht. Die Hängepflanze *Gypsophila repens* (Schleierkraut) mit ihrem rosa Schaum aus winzigen Blüten, die sich in einer grauen Blättermatte fast verstecken, blüht noch tief in den Juli hinein, und das gilt auch für die kleinen Büschel der *Aethionema Warley* (Steintäschel) und die Kissen des röteren *Erinus alpinus* (Alpenbalsam). *Oenothera pumila*, die kleine gelbe Nachtkerze, blüht im Juli, hält aber oft bis zum August durch. *Origanum dictamnus*, der Kretische Dost, ist vielleicht nicht unbedingt eine Steingartenpflanze, aber seine Masse aus lila-rosenroten Blüten zwischen wolligen grauen Blättern ist im August und September doch nicht zu verachten, und eine Pflanze mit einem so romantischen Namen wie Kretischer Dost muß doch unwiderstehlich sein. Das kleine blaue *Allium cyaneum* (Zierlauch) ist elegant und nützlich und paßt meiner Ansicht nach gut zur grasähnlichen *Festuca glauca*, deren metallisch-blaue Fäden fast dreißig Zentimeter hoch zu einer kompakten Dolde zusammenwachsen. Dieses Schwingelgras ist so dekorativ, daß ich nicht verstehe, warum es nicht häufiger angepflanzt wird.

Alle hier erwähnten Pflanzen sind pflegeleicht; doch wenn meine Leserin größeren Ehrgeiz hegt, dann sollte sie es mit *Cyananthus lobatus* oder C. *integer* probieren, beide blau, beide aus dem Himalaya, beide Pflanzen, die hellen, laubreichen Boden oder sandigen Boden verlangen. Sie sind aber nur für Gärtner zu empfehlen, die zu zusätzlicher Arbeit bereit sind.

Calycanthus floridus

Schließlich sehe ich keinen Grund, warum sich im Steingarten nicht auch Miniatur-Buschrosen befinden sollten. *Rosa Roulettii* ist vermutlich die bekannteste, doch auch viele andere erhalten sich über eine lange Saison hinweg ihre kleinen perfekten Knospen und ihre Blüten. Und warum nicht *Clematis alpina* pflanzen? Sie macht sich im Frühling am besten, aber im Herbst erwacht sie zu einem zweiten Leben. Diese blaßlila Pflanze kriecht über Steine, klettert aber auch an Hecken empor.

Dieser Artikel richtet sich an die vom Glück begünstigten Bewohner eines freundlichen Klimas: Cornwall, Devon, die schottische Westküste oder Teile von Wales und Irland, denn der blühende Baum, der letzte Woche meine Aufmerksamkeit erregte, ist in Gärtnereikatalogen mit einem dieser unheilschwangeren kleinen Sternchen versehen, das bedeutet: »nicht besonders robust«. Die Rede ist von *Lagerstroemia indica*, manchmal auch Kreppmyrthe genannt, obwohl ihre flauschigen rosa, roten oder weißen Blüten wirklich nichts Kreppartiges an sich haben. Ich weiß nicht, wie es zu diesem unpassenden Namen kommen konnte.

Paternoster- oder Zedrachbaum hingegen paßt genau zu seinem Träger, einem munteren kleinen Baum, der angeblich bis zu zehn Meter hoch werden kann, wenn auch die Exemplare, die ich in Italien am Straßenrand gesehen habe, es höchstens auf vier Meter brachten, gerade so hoch, daß wir sie genießen können, wenn wir unsere Blicke ein wenig heben. Ich empfehle diesen Baum mit einem Hauch von Zurückhaltung, weil ich glaube, daß nur ein vollkommen sonniger Sommer ihn hierzulande zu voller Blüte bringen könnte. Er müßte an einer Wand wachsen, die ihm Schutz und zusätzliche Sonnenwärme geben würde, und dürfte nicht frei stehen, wie in seiner Heimat. Er mag lehmigen Boden und sollte im Winter beschnitten werden.

Was mir außerdem auffiel, war das Mittelmeerheidekraut, *Erica erigena*, das in der ungewöhnlichen Form eines Hochbäumchens gepflanzt wird. Ich fand es lustig, Heidekraut so zu ziehen, als adrettes Bäumchen und nicht als wucherndes Gebüsch. Es stand nicht in Blüte, aber ich konnte mir sehr gut vorstellen, wie es wohl im März und April aussieht: ein Flausch von Rosa auf einem geraden Pfahl. Ein wenig künstlich, gut, aber die Italiener sind ein phantasievolles Volk und lieben jeden Scherz. Ich überlegte mir, daß vier von diesen Hochbäumchen, einer an jeder Ecke eines rechteckigen Blumenbeetes, sich als kleine Wachtposten gut machen müßten, sie brauchen nicht viel Platz und sind, ob sie nun blühen oder nicht, das ganze Jahr hindurch grün. Auch auf den Seiten eines Pfades, der dadurch zu einer kleinen Allee würde, wären sie sicher dekorativ.

Erica erigena hat, anders als die meisten anderen Heidekrautsorten, nichts gegen eine Prise Kalk im Boden einzuwenden, obwohl Torf natürlich vorgezogen wird. Wer solchen Boden hat, könnte auch den weißblütigen Baum *Erica arborea* so behandeln; er wird viel größer, über drei Meter bisweilen, doch er ist ein wenig empfindlich und sollte deshalb für die wärmeren Grafschaften reserviert werden.

Wie unkooperativ Pflanzen doch sind, sie wollen sich einfach nicht auf unseren Wunsch hin versetzen lassen. Im Garten von Freunden sehen wir genau die Pflanze, nach der wir schon lange vergeblich suchen. Gärtner untereinander sind normalerweise sehr großzügig, und sofort wird uns ein »bewurzeltes Stück, wenn ich im Herbst teile« versprochen, doch meistens trifft dieses bewurzelte Stück niemals bei uns ein. Das liegt nicht am bösen Willen, sondern einfach an purer Vergeßlichkeit. Wir könnten natürlich hinschreiben und uns in Erinnerung bringen, aber entweder ist uns das doch zuviel Mühe, oder wir haben die Sache selber vergessen. Wieviel leichter wäre alles, wenn wir das Objekt unserer Begierde sofort einpacken und mitnehmen könnten.

Manchmal läßt sich das durchaus machen. Erfahrene Gärtner vertreten die Theorie, daß es weniger eine Rolle spielt, *wann* wir eine Pflanze versetzen, sondern *wie* das geschieht. Bis zu einem gewissen Punkt stimme ich da zu. Ich glaube nicht weiter an das Geheimnis der grünen Finger; ich glaube, jeder Finger, alle acht, oder alle zehn, wenn wir die Daumen mitzählen, muß auf irgendeine Weise mit dem Informationszentrum in unserem Gehirn verbunden sein. Mit anderen Worten, wir können uns nicht auf einen fröhlichen, optimistischen Instinkt verlassen, der von keinerlei Wissen unterstützt wird. Der erfahrene Gärtner weiß, daß er die soeben freigelegten Wurzeln sofort bedecken muß, und sei es mit einer Seite der Tageszeitung, zum großen Ärger aller, die sie noch nicht gelesen haben. Alles ist besser, als daß die faserigen Wurzeln an der frischen Luft austrocknen. Sie werden sofort bedeckt oder eingewickelt, und der erfahrene Gärtner nimmt auch sein Taschentuch oder reißt einen Hemdzipfel ab, wenn er nichts anderes hat. Ich habe sogar gesehen, wie eine Handvoll feuchtes Gras oder Blätter um die Wurzeln gewickelt und mit Bindfäden befestigt wurden. Dann wird der Gärtner mit seinem Schatz nach Hause eilen und ihn einpflanzen, er wird ihn wässern, wenn er glaubt, der Schatz habe Durst, und auf jeden Fall wird er ihn während der ersten Tage, bis die Pflanze sich erholt hat, vor der Sonne schützen. Ein umgestülpter Blumentopf bietet einen einfachen Schutz für jede kleine Pflanze oder jedes bewurzelte Stück.

Natürlich will ich die Mär von den grünen Fingern nicht gänzlich leugnen. Hinter jeder Sage steckt schließlich ein wahrer Kern. Aber ich bin davon überzeugt, daß die meisten Ammenmärchen über die Oma, bei der einfach alles wuchs, egal, wie sie es pflanzte und wie grob sie damit umsprang, auf gesundem Menschenverstand und sorgfältiger Beobachtung der Natur basierten. Oma hatte bestimmte Grundprinzipien absorbiert, nicht aus Büchern, sondern weil sie gesehen hatte, wie Pflanzen sich verhalten und was sie brauchen. Ihre Wissenschaft hilft uns nicht in jedem Fall, jedenfalls nicht so weit, wie es der modernen Forschung möglich ist, aber immerhin hat sie uns ein gutes Stück weit über den richtigen Gartenweg geführt.

Oktober

Ich würde gern, mit oder ohne Erlaubnis, zwei aufeinanderfolgende Artikel über die Rose schreiben, die heute *Rosa floribunda* genannt wird. Es ist einfach ein zu weites Feld, um es in einen Artikel zu quetschen, denn die Floribundarosen werden sich zweifellos als sehr wertvoll erweisen. Wir kannten sie oder ihre Vorfahren als Polyantha-Rosen, doch unsere Bekanntschaft beschränkte sich zumeist auf die Mitglieder der Poulsen Familie: auf die vielen Töchter namens *Karen*, *Kirsten*, *Else* und sogar *Else's Rival*, angeblich eine Verbesserung der Else, was sicher unter den jungen Poulsen-Damen zu allerlei Ärger Anlaß gegeben hat. Schwestern sind nicht immer einer Meinung, und daß ihre Schwester als ihre Rivalin bezeichnet wurde, hat Elsa sicher nicht so leicht schlucken können.

Die Poulsens gelangten bald zu großer Beliebtheit. Kein neuer Villengarten war ohne sie denkbar. Sie hatten ihre Qualitäten, ihre unleugbaren Qualitäten. Sie blühten ununterbrochen und sahen sehr gut aus. Und wie gut sie aussahen! Hellrosa, hellrot, sie waren so unumgänglich, wie sie allgegenwärtig waren. Wir sahen sie überall, bis wir diesen Anblick restlos satt hatten. Wir sind jetzt über sie hinaus und verfügen über eine weitaus größere Auswahl.

Die Floribundarosen weisen alle Qualitäten der alten

Polyantha-Rosen auf, haben aber dazu noch einige neue erworben. Wenn Sie sie noch nicht ausprobiert haben, dann sollten Sie das sofort nachholen. Wie gesagt, ich werde zwei Artikel schreiben, der erste behandelt die einfarbigen. Wenn Sie ein reiches Rot wünschen, dann sollten sie *Frensham*, *Dusky Maiden*, *Betty Prior* und *Alain* pflanzen. Soll es ein schönes Gold sein, dann nehmen Sie *Goldilocks*, ist eine große rosa Blüte gefällig, dann empfiehlt sich *August Seebauer*, die mir eine Überraschung lieferte, als sie im Juni explodierte und dann weiter ihre wunderbaren Blüten produzierte, die sich mit den graugrünen Blättern des strauchigen kalifornischen Mohns *Romneya coulteri* vermischten, eine perfekte Kombination von rosa und grau. *August Seebauer* ist nicht so bekannt, wie sie es verdient hätte, deswegen möchte ich sie Ihnen ganz besonders ans Herz legen.

Und wo ich schon von den einfarbigen Floribundarosen rede: Es gibt auch noch die kleine *Fashion*, deren spitze krabbenrosa Knospe einfach entzückend ist. Doch ebenso entzückend ist sie, wenn die Knospe sich zu einer niemals vulgären, leicht duftenden weiten Blüte öffnet. *Fashion* ist ein Herzchen, eine Floribundarose für alle, die bei einer Rose Form, Farbe und Feinheit zu schätzen wissen.

Rosa floribunda ›Betty Prior‹

Und hier möchte ich meine Bemerkungen über die Floribundarosen fortsetzen. Letztesmal habe ich mich auf die einfarbigen Rosen beschränkt, die dunkelroten, die rosa, die gelben, und meinen seltsam krabbenrosa kleinen Liebling *Fashion*. Heute möchte ich einige der ausgefallenen Mischungen vorstellen, die ebenfalls zu dieser Art gehören.

Masquerade zum Beispiel. *Masquerade* scheint inzwischen recht bekannt zu sein, was mich nicht überrascht. Sie ist ein wahrer Blickfang mit ihren dicken rosa, roten, gelben und orangefarbenen Blütendolden, alle am selben Stengel und zur selben Zeit, so, als könne sie sich nicht entscheiden, welche Farbe ihr die liebste ist, weshalb sie alle auf einmal ausprobieren möchte. Das Resultat ist farbenprächtig wie eine Flagge: Man hat schon fast das Gefühl, daß sie in den stolzen heraldischen Begriffen von gülden und herzblutfarben prangen solle, statt in schnödem Gelb und Rot. Sie ist von energischem Wuchs und scheint gegen viele der Probleme, mit denen andere Rosen zu kämpfen haben, immun zu sein, gegen Mehltau und Stockflecken und die restlichen Mitglieder des scheußlichen Stammes von Sporen und Blattläusen, die wir in ihre Schranken weisen müssen. In *United Nations* findet *Masquerade* eine Gefährtin. Ich mag *United Nations* nicht so sehr, aber ich kann sie doch empfehlen. Sicher hat sich irgendein Spötter für diese Rose mit den vielen Farben einen solchen Namen ausgedacht.

Vor vielen Jahrhunderten wurden in Persien drei verschiedenfarbige Rosen auf einen Strauch aufgepropft, aber ich kann meinen knapp bemessenen Raum hier nicht an diese romantische Geschichte vergeuden.

Ich möchte statt dessen auf einige der Floribundarosen zurückkommen, die wir jetzt bestellen und mit Erfolg in unseren Gärten anpflanzen können. Nämlich auf die *Pinocchios*. Ich stelle sie mir immer als eine Familie aus Vätern und Söhnen vor, so, wie die Poulsens für mich eine Familie von Schwestern sind. Fragen Sie mich nicht, warum. Es gibt *Pinocchio* persönlich, rosa, mit dichten Blütendolden. Er hat eine zentrale Blüte, um die sich viele kleinere Blüten drängen, so wie Küken um die Henne, nur ist er eben ihr Vater und nicht ihre Mutter. Er trägt zu Recht den Namen *Pinocchio*, was auf Italienisch »Tannenzapfen« bedeutet, und das läßt doch an etwas liebevoll Verpacktes denken, zum Ankuscheln, wie Papa (oder sollte ich sagen, Babbo) Pinocchio das für seine Familie ist. Er hat einen Sohn namens *Lavender pinocchio*, braunlila, wie ein Bluterguß am dritten Tag. Manche finden ihn morbide, ich mag ihn sehr, aber ich habe eben einen ausgefallenen Geschmack. *Yellow pinocchio* ist ein fröhlicherer kleiner Sohn, ein munterer Knabe, gegen den niemand etwas haben könnte. Und es gibt auch eine weiße jungfräuliche Tochter, ich habe sie noch nicht gesehen*, aber sie klingt so entzückend wie ihre beiden Brüder. Sie heißt *White pinocchio*.

---

* Das hat sich inzwischen geändert, und ich finde sie hinreißend.

Wir nutzen unsere höheren Stockwerke längst nicht gut genug aus. Das Erdgeschoß ist eben der Boden, die gute flache Erde, die wir mit allen Pflanzen vollstopfen, die wir haben möchten. Wir pflanzen auch einige Kletterer, die die Fenster des ersten Stocks erreichen, und wir legen andere vielleicht über einen Laubengang, aber damit endet zumeist unsere Phantasie. Wir vergessen zu leicht, daß die Natur auch noch höhere Gefilde anbietet, die wir mit langen Girlanden erreichen können. Diese Girlanden bestechen durch ihre durchscheinende Schönheit, wenn sie in der Luft baumeln.

Was ich damit meine, kurz gesagt, sind Pflanzen in Bäumen:

Efeu (*Hedera*) zum Beispiel. Ich liebe den anhänglichen Efeu, der sich als dunkle, nachlässige, staubige Masse voller alter Vogelnester, die dringend ausgemerzt werden sollten, an die Wände klebt. Wie Milton zu Recht bemerkt hat, verdorrt Efeu niemals. Und sein aufdringliches staubiges Immergrün geht uns dann nur noch auf die Nerven. Ich würde vorschlagen, statt dessen eine andere Efeusorte um einen Baum zu legen, wo es weißgrün oder goldengrün locker von den Zweigen hängen und im Licht fast durchscheinend wirken kann. Ich weiß, mir wird jetzt vorgehalten werden, daß Efeu Bäume erstickt, und vielleicht muß ich mir auch anhören, daß nur eine Giraffe etwas von diesem Anblick hätte, aber ich möchte diese Empfehlung trotzdem loswerden.

Und wir müssen uns durchaus nicht auf Efeu beschränken. Wuchernder Wein bietet sich ebenfalls an. Die riesigen, wappenförmigen Blätter des *Vitis coignetiae*, die im Herbst zu einem tiefen Rosa werden, verblüffen uns durch ihre reiche Karneoltönung, zierlich geädert und rosig wie die gespitzten Ohren eines Schäferhundes. Falls Ihnen Farbe im Juni-Juli lieber ist als im Oktober, dann gibt es noch den erstaunlich energischen Kletterer *Actinidia kolomikta* (Kiwi), der mit einem rein grünen Blatt anfängt, das dann weiße Streifen und eine rosa Spitze entwickelt und Betrachter verwirrt, die diese Färbung für eine neue Form von Krankheit halten. Katzen mögen diese Pflanze, und ich auch, obwohl ich keine Katzen mag.

Je mehr sorgfältig gepflegte Gärten ich sehe, um so mehr geht mir auf, wie wichtig diese Pflege ist. Die Größe des Gartens hat damit nichts zu tun; groß oder klein spielt keine Rolle, solange Liebe und Wissen vorhanden sind.

Die meisten unter uns Amateurgärtnern neigen dazu, eine Pflanze zu setzen und sie dann ihrem Schicksal zu überlassen, was sehr oft zum Tod der Pflanze und zu unserer Enttäuschung führt. Gute Gärtner, die Gärtner, die wissen, was sie tun, geben sich sehr viel mehr Mühe. Sie bereiten erst den Boden vor, sorgen dafür, daß er zu der Pflanze paßt, die er aufnehmen soll; später sehen sie immer wieder nach ihr, geben ihr in trockenen Zeiten zu trinken, verwöhnen sie während der ersten Monate ihres jungen Lebens, pflegen sie in ihren mittleren Jahren und vernachlässigen sie nicht einmal dann, wenn sie ein reifes Alter erreicht.

Ich habe zum Beispiel festgestellt, daß abgemähte Grashalme durchaus nützlich sein können. Sie werden als dünne Decke über Beete gestreut. Dünn muß diese Decke sein, denn wenn sie zu dick ist, wird es darunter zu heiß, deshalb sollte sie nicht mehr als fünf oder sieben Zentimeter messen. Solche Decken haben einen dreifachen Vorteil: Sie halten Unkraut fern, sie speichern Feuchtigkeit, und sie fügen dem Boden Humus zu, wenn sie verrotten und ihre Substanz in die Erde zurückkehrt, aus der sie stammen. Fast keiner Pflanze im Garten ist nicht mit einer solchen Decke gedient – sie empfiehlt sich für blühende Beete und blühende Bäume, für krautartige Pflanzen in Rabatten, für Rosen, für alles und jedes. Nur Lilien bilden eine Ausnahme.

Im Herbst sollte der Boden unbedingt bedeckt werden. Mit Lauberde und Kompost ... ich weiß, daß sich am Kompost die Geister scheiden. In der Theorie bestreitet niemand seinen Wert, aber viele meinen, daß er viel zuviel Mühe und Zeit verlangt. Ich weiß auch, daß ich in meinem eigenen Garten noch keinen perfekten Kompost aus dem Bilderbuch erzeugt habe; ich habe noch nicht einmal meinen Gärtner veranlaßt, einen anzulegen; wie sollte ich da also widersprechen? Kompost sollte aus den richtigen Zutaten bestehen und wissenschaftlich einwandfrei wie ein riesiges Butterbrot in Schichten aufeinander gelegt werden, er muß umgedreht und gewässert und gelüftet werden; aber da die meisten Gartenbücher Anleitungen darüber geben, brauche ich das hier nicht zu wiederholen.

Wenn Sie keinen Kompost haben, dann sind auch Knochenmehl oder Huf und Horn im Herbst zu empfehlen. Einige Hände voll lassen sich leicht verteilen und sind ein wirklicher, langsam wirkender Nährstoff, kein Stimulans. Heftige Stimulantien sind oft auch gefährlich, sie rufen ein rasches Wachstum hervor, während die Pflanze langsam von unten her aufgebaut werden muß und wir keine sofortige, dramatische Wirkung erwarten sollten, sondern eine, die wir erst nach Monaten bemerken werden.

Bei kurzfristigen Dingen, wie den Setzlingen von Einjährigen, können Sie dagegen einen Dünger verwenden, der »ihnen auf die Sprünge hilft«.

Das sind nur einige kurze Überlegungen zu einem weitreichenden Thema. Das Prinzip jedoch bleibt immer dasselbe: Sie können von Ihrem Boden und Ihren Pflanzen nicht erwarten, daß sie Ihnen ihr Bestes geben, wenn Sie keine Gegenleistungen erbringen. Das gilt für Gärten ebenso wie für zwischenmenschliche Beziehungen.

Und ansonsten wünschte ich mir, ich hätte einen riesigen Komposthaufen von der Farbe eines üppigen, dunklen Schokoladenkuchens, den ich in Schubkarrenladungen verteilen könnte.

Während wir uns überstürzen, um in letzter Sekunde die Sträucher zu bestellen, die wir uns in den längst vergangenen glücklichen Monaten Mai und Juni notiert hatten, sollten wir auch an den Prestonflieder *Syringa Prestoniae* denken, ehe es zu spät ist.

Ich muß zugeben, daß ich nichts über Miss Isabella Preston aus Ottawa weiß, ich kenne nur ihren Namen, ihren Ruhm als Flieder- und Lilienzüchterin und die aufregenden Kreuzungen, die ihr zwischen *Syringa villosa* und *Syringa reflexa* gelungen sind. Ich wünschte, ich wüßte mehr. Sie muß eine großartige Gärtnerin sein, eine wahre Spezialistin, die ihr ganzes Leben ihrer Arbeit widmet – wie beneidenswert, einen solchen Entschluß zu fassen, wie weise, sich auf ein Fach zu konzentrieren und alles darüber zu wissen, statt sich wie Konfetti über hunderttausend Dinge zu verstreuen und zu verzetteln. Solche Gründlichkeit und solcher Wissensreichtum führen uns zurück ins Mittelalter, als noch die Muße gepflegt wurde. Ich stelle mir Miss Preston als eine Dame mit einem großen Strohhut vor, die mit einem Paket von Etiketten, einem Notizbuch und einer Hasenpfote an einem Bambusstab umherschreitet.

Möglicherweise ist das ganz falsch, aber mein Eindruck von Miss Prestons Flieder ist jedenfalls nicht falsch. *Elinor*, 1951 mit einem Award of Merit ausgezeichnet, ist ein wunderschöner Strauch mit großen, aufrechten Rispen in tiefem Rosa, die sich zu einem bleicheren Farbton öffnen, wie es in der gesamten Fliederfamilie üblich ist. Bisher habe ich in meinem Garten nur *Elinor* angepflanzt, so daß ich mich eigentlich über andere nicht äußern kann; doch die ebenfalls mit einem Award of Merit ausgezeichnete *Isabella* wird viel gelobt, und das gilt auch für *Hiawatha*, rötlich-lila zu Anfang, später von blassem Rosa.

Alle Preston-Hybriden sollen energisch wachsen und gelten als so robust, wie man das bei dem rauhen Klima, aus dem sie stammen, ja auch erwartet. Ob Ihnen der alte Gartenflieder mit seinen im Regen triefenden Dolden lieber ist, oder ob Sie die lässige Eleganz der Preston-Hybriden den fetten Quasten mit ihrem vagen Geruch vorziehen, den wir mit unserer Kindheit assoziieren, müssen Sie selber entscheiden.

Sie sind nicht billig, aber eine gute Investition in unser zukünftiges Vergnügen. Und wir sollten doch niemals eine vernünftige Ausgabe für etwas scheuen, das uns über Jahre hinaus wachsende Freude bringen wird? Eine Flasche Whisky ist bald leer und kostet mehr als zwei oder drei Pflanzen von dauerhafter Schönheit.

Für den Amateurgärtner gibt es wirklich kein amüsanteres Spielzeug als ein kleines Gewächshaus. Es braucht nicht unbedingt beheizt zu werden, wenn man sich mit Pflanzen zufriedengibt, die die winterlichen Fröste nicht scheuen, deren zarte Blütenblätter aber von heftigem Regen oder Hagel zerstört werden. Solche Pflanzen gedeihen besser unter Glas, diesem durchsichtigen Baldachin, der Licht passieren läßt, die unfreundlichen Fluten von oben jedoch aussperrt.

Sicher haben inzwischen viele Besitzer solch kleiner Gewächshäuser daraus eine Art Alpenhaus gemacht und sie mit Schalen winterblühender Zwiebeln wie dem kleinen Krokus und früher Iris gefüllt. Es gibt so viele davon, sie sind so leicht zu ziehen und bieten in den dunklen Tagen einen entzückenden Anblick. Im Mittwinter ins Gewächshaus zu gehen und diese eleganten kleinen Gewächse in voller Blüte auf den Regalbrettern stehen zu sehen bedeutet für uns einen großen Schritt auf den ersehnten Frühling zu und wiegt uns in dem Glauben, die kalten, toten Monate lägen bereits hinter uns.

Die flachen Schalen, die solche Schätze enthalten können, sollten jetzt unverzüglich gefüllt werden. Machen Sie nicht meinen Fehler vom letzten Jahr, nämlich die Krokusse zu geizig zu setzen. Ich hatte gedacht, sie würden hübscher aussehen, wenn sie mehr Entfaltungsfläche hätten, aber das war ein Irrtum. Sie müssen dicht aneinander gequetscht werden, so dicht wie das überhaupt nur möglich ist, Zwiebel an Zwiebel oder wie die Heringe in der Tonne. (Ich rede hier natürlich von der Spezies Krokus in ihren Hybriden, nicht vom normalen Gartenkrokus). Die kleinen Irissorten andererseits, zum Beispiel *Iris reticulata*, brauchen ausreichend Platz, um in voller Freiheit ihre hübschen Köpfe erheben zu können. Ihre Zwiebeln sollten mindestens zwei Zentimeter auseinander gesetzt werden.

Krokus und Iris bieten sich an, um uns im Winter Freude zu bringen, aber ich würde auch gern noch etwas empfehlen, das unter Glas im Mai entzückend aussieht. Wir haben im Mai allerdings im Freien eine solche Blumenfülle, daß wir uns nicht auch noch mit einer Topfpflanze abgeben mögen. Aber hier erfolgt trotzdem meine Empfehlung. Es geht um eine Orchidee namens *Pleione pricei.* Orchidee, das klingt schwierig und teuer und weit außerhalb unserer Reichweite, aber diese hier ist leicht und ein schöner Anblick für Augen, die zu sehen wissen. Sie wächst auch im Freien, in einer Nische des Steingartens, denn sie ist äußerst robust. Aber Regen und Hagel sind nicht gut für sie und zerstören die Blüten, die gerade dann ihren Höhepunkt erreichen, deshalb ist es angeraten, sie in einem Topf oder einer Schale zu ziehen. Sie stammt aus Formosa, mag eine Mischung aus Lauberde, Sand, Lehm und Torf und darf niemals austrocknen.

Wenn dieser Artikel erscheint, bin ich hoffentlich weit weg, in dem wunderschönen Teil Frankreichs, in dem die Dordogne, der Lot, der Tarn und die Ariège fließen, aber ehe ich aufbreche, möchte ich noch einem schnellen, wenig verwendeten Kletterer meine Reverenz erweisen, dem Hopfen (*Humulus*). Hier in Kent, wo ich wohne, gibt es riesige Hopfengärten, und zwischen der letzten August- und der dritten Septemberwoche genießt und erleidet unsere Grafschaft die Cockney-Invasion von Hopfenpflückern, ebenso pittoresk wie die Traubenlese in südlichen Ländern. Doch leider holt die Modernisierung auch dieses altehrwürdige Fest ein, und inzwischen reißen auf vielen fortschrittsfreundlichen Höfen riesige Geräte von der Größe der Dreschmaschinen die zarten Blüten mit Krallen aus scharfem Stahl von ihren Ranken.

Aber darüber wollte ich eigentlich gar nicht schreiben. Ich wollte Besitzern einer groben, vielleicht einer Dornen- oder Liguster- oder überhaupt jeglicher alter Hecke, die sich nur mit Kosten und Mühe ausgraben lassen würde, vorschlagen, sie mit einer ansehnlichen und ungewöhnlichen Pflanze zu tarnen, die während des Sommers durch die Hecke hindurch und über sie hinweg wächst – und warum nicht zum Hopfen greifen? Einige Hopfenpflanzen tauchten kürzlich per Zufall in einer solchen Hecke in meinem Garten auf, und ich habe sie voller Freude willkommen geheißen. Freiwillig hätte ich sie nicht gepflanzt; sie kamen von selbst, und dafür bin ich ihnen sehr dankbar.

Ich möchte nun ihre guten Eigenschaften aufzählen:

1) Sie wachsen so schnell wie alle kletternden Einjährigen, zum Beispiel die Prachtwinde *Morning Glory* oder *Cobaea scandens* (Prachtglocke).

2) Anders als diese beiden sind sie keine Einjährigen, sondern winterhart, weshalb sie jedes Jahr von neuem in die Höhe schießen.

3) Sie können über eine Laube gelegt werden, sie kön-

nen Lücken schließen, während wir darauf warten, daß begehrtere Kletterer sich entwickeln; ich kann mir sogar vorstellen, daß ein nur mit Hopfen umrankter Laubengang einen sehr schönen Anblick bieten würde. Hopfenblätter sind äußerst elegant, die Blüten dagegen sind von derselben Schönheit wie eine hängende Dolde Muskattrauben, zugleich jedoch sind sie weniger schwerfällig.

4) Sie können aus den getrockneten Blüten Hopfenkissen machen, was eine gute Hilfe bei Schlaflosigkeit ist.

5) Schließlich, oder vielleicht hätte ich diese Information an die erste Stelle setzen sollen, können Sie im März oder April junge Hopfenschößlinge abpflücken und als Gemüse verwenden. Das schadet den Pflanzen wirklich nicht, denn jede Hopfenwurzel entwickelt wesentlich mehr Schößlinge, als sie tragen kann, die überflüssigen müssen also ohnehin weggeschnitten werden. Und diese werden einfach weggeworfen, was eine Verschwendung ist, doch nur wenige englische Hausfrauen oder Köche wissen, daß sie geschmacklich frischem Spargel ähneln.

Es war schon zu spät im Jahr, um auf meiner Reise in den Bergen oder in Italien viele wilde Blumen zu finden, aber immerhin waren in Frankreich die Wiesen vom Herbstkrokus zart lila gefärbt, während Wälder und Hänge im Apennin schüchterne rosa Sprenkel von Alpenveilchen zeigten. Es war verlockend, an vermeintlich grasgrünen Hängen vorbeizufahren, an denen das Gras sich bei genauerem Hinsehen als solider Teppich aus *Gentiana acaulis* darstellte. Ich traf mit einer Tasche voller Samen, Zwiebeln und Knollen in der Toskana ein; weiß der Himmel, ob sie im nächsten Jahr in England zur Blüte bereit sein werden und als was sich einige von ihnen entpuppen werden; doch zumindest eine leuchtende Blume brachte sich mir in Erinnerung und schien sich darüber beschweren zu wollen, daß sie in unseren Gärten nicht häufiger anzutreffen ist. Es handelt sich um *Sternbergia lutea*, den gelben Goldstern. Sie arbeiten nicht, auch spinnen sie nicht, aber sie sind von großer Schönheit, wie sie sich unter den schwarzen Zypressen, die das Bild des fernen Florenz einrahmen, als goldener Teppich dahinziehen.

Sternbergia lutea läßt sich leicht mit dem Krokus verwechseln. Aber der Goldstern ist weder ein Krokus noch eine Lilie, trotz seiner biblischen Assoziation; er gehört zur Amaryllis-Familie. Er ist von strahlendem Gelb, sieht lackiert aus wie eine Butterblume, und erhebt sich krokusähnlich über seinen engen Blättern. Er mag reichen, kiesreichen, gut entwässerten Boden und so viel Sonne wie möglich. Er möchte nicht gestört werden, er möchte sich als Wurzelballen jahrelang entwickeln und hierzulande dabei im Winter ein wenig Schutz durch Farn oder alte Blätter genießen. In englischen Gärten ist er schon seit alter Zeit aufzufinden, erstmals erwähnt wurde er zur Regierungszeit Karls I. von John Parkinson; Parkinson bezeichnete ihn als »Große Herbstosterglocke«, aber natürlich ist er ebensowenig eine Osterglocke wie ein Krokus oder eine Lilie. Ich werde ihn immer so vor mir sehen, als goldenes Leuchten auf einer Florentiner Terrasse, unter den Zypressen, die die Kuppel des Duomo und den Turm des Palazzo Vecchio einrahmen, romantisch, in Flutlicht getaucht, der Lilienturm von Florenz.

Wie sehr doch die zu Terrassen angelegten Hügel des Südens unseren Neid erregen, denn es gibt nur wenige angenehmere oder befriedigendere Arten der Gärtnerei als diese. Die Pflanzen können zwischen den kühlen Steinen ihre Wurzeln in den Boden stecken und dort selbst in einer trockenen Phase jeden Tropfen Feuchtigkeit aufspüren, während sie vorne an der Mauer ihr Gesicht in die Sonne halten können. Ich schreibe das hier in Spanien und wünschte mir, ich könnte auch nur ein Stück einer solchen groben Mauer mitnehmen, die vermutlich viele hundert Jahre alt ist, jetzt, wo die Reblaus den Wein und der Frost des letzten Februars fast alle Oliven vernichtet haben, ist sie ein trauriger Anblick. Die Oliven treiben schon wieder neu aus, aber es wird wohl zehn Jahre dauern, bis sie wieder reichlich tragen werden.

Sternbergia lutea

Die Zeit ist gekommen, um die empfindlichen Topfpflanzen für den Winter unter Dach und Fach zu bringen. Sie haben uns während der Sommermonate soviel Freude gemacht, diese Töpfe mit duftenden efeublättrigen Pelargonien, die ganz lässig an unseren Eingangstüren oder in allerlei Ecken unseres Gartens standen, so daß wir morgens ein Blatt abzupfen und es in die Tasche oder ins Knopfloch stecken konnten. Ich weiß wirklich nicht, warum hierzulande nicht häufiger Topfpflanzen verwendet werden, vor allem in kleineren Gärten, in denen alle Fläche genutzt werden soll. Es ist so leicht, einen Topf hinzustellen, er braucht wenig Platz und macht wenig Mühe, schließlich muß er nur ausreichend oft gegossen werden.

Cottage- und Dorfbewohner scheinen sich in dieser Hinsicht auszukennen und wahrhaft grüne Daumen zu haben. Sie haben Pflanzen auf der Fensterbank, die jahrelang gedeihen, ohne Licht oder Zuwendung, so sieht es jedenfalls aus. Wir sollten uns alle ein Beispiel an den Dörflern nehmen und mehr Topfpflanzen ziehen, die im Sommer draußen stehen können und die wir dann ins Haus holen, sowie der Frost droht. Dann können sie in einem normal beheizten Zimmer auf der Fensterbank stehen, das reicht, um sie vor dem Erfrieren zu bewahren.

Jetzt ist auch die richtige Zeit, um Ableger von allen Lieblingssträuchern zu nehmen, um unseren Vorrat zu ergänzen. So ein Kindergarten aus kleinen bewurzelten Pflanzen, die munter vor sich hin wachsen und darauf warten, ausgepflanzt oder weggegeben zu werden, hat etwas sehr Befriedigendes. Sie entwickeln sich am besten in kleinen Töpfen oder Rahmenbeeten, bei denen es sich um nichts Ausgefeilteres handeln muß als um eine flache Holzkiste, die wir mit Glas oder Folie bedecken, bis die Wurzeln sich entwickelt haben. Sie können sich allerlei Mühe sparen, wenn Sie sich einen ablegerfreundlichen Kompost zulegen, der in jeder Gärtnerei oder Baumschule zu haben ist. Sie können ihn allerdings auch selber aus einem Teil Lehm, zwei Teilen Torf und einem Teil Sand herstellen. Dieser Kompost ist vor allem für jene Ableger geeignet, die unter Glas gezogen werden sollen, aber Sie werden feststellen, daß viele Ableger auch im Freien Wurzeln entwickeln, wenn Sie sie *sehr fest* (das ist wichtig) in einen flachen Graben setzen, den Sie mit einem Spatenstich herstellen, und den sie dann mit grobem, scharfem Sand füllen. Sie dürfen bei dieser rauheren Methode nicht erwarten, daß aus jedem Ableger etwas wird, aber es lohnt sich selbst dann noch, wenn fünfundzwanzig von hundert überleben.

Und, nebenbei, eine Flasche eines Hormonpräparates kann Ihre Ableger mühelos anregen, die erwünschten Wurzeln schießen zu lassen.

Zwei Sträucher mit erstaunlich langer Blütezeit sind *Colutea arborescens* und *Colutea media*, die Blasensträucher. Sie haben fast den ganzen Sommer hindurch üppig geblüht und sind Mitte Oktober immer noch sehr dekorativ. Ich ziehe übrigens letzteren vor. C. *arborescens* hat gelbe Blüten; aber obwohl *media* vielleicht auffälliger ist, passen sie gut zusammen und ergänzen sich farblich. Elegant gewachsen mit ihren langen Zweigen voller akazienähnlicher Blätter, auf witzige Weise behangen mit den blasenhaften Samenkapseln, denen sie ihren englischen Namen verdanken (Blasensennes), erinnern die hellen kleinen Blüten an Schwärme von geflügelten Insekten. Sie sind ungeheuer pflegeleicht, fühlen sich an einer sonnigen Stelle am wohlsten und können auch einen trockenen Hang verkleiden, an dem kaum andere Pflanzen gedeihen würden. Auch gegen kargen, steinigen Boden haben sie nichts einzuwenden. Sie sind leicht zu ziehen, entweder von Ablegern oder von Samen, und sie behalten ihr graziöses Aussehen, wenn sie im Februar vielleicht zehn Zentimeter über dem alten Holz beschnitten werden.

Es gibt auch *Colutea orientalis*, aber ich muß zugeben, daß ich nie ein entsprechendes Exemplar gesehen habe. Es hat die gleichen kupferroten Blüten wie C. *media*, eine Hybride von *arborescens* und *orientalis*, aber angeblich geizt es mit seinen Blüten und besticht vor allem durch seine graugrünen Blätter. Man könnte alle drei ausprobieren, vor allem an einer rauhen Stelle. Ich weiß, daß sie unter anspruchsvollen Gärtnern nicht gerade als die erste Wahl gelten. Spielt das eine Rolle? Ich finde sie ausgesprochen elegant, und alles, was bis Mitte Oktober blüht, kann ohnehin mit meiner Dankbarkeit rechnen.

Ich muß noch ein Wort der Entschuldigung hinzufügen. Vor Jahren habe ich in einem Artikel *Colutea arborescens* erwähnt, damals hatte ich ihn bei Bekannten im Garten gesehen. Ich beschrieb seine Blüten als bronzefarben. Aber in Wirklichkeit sind sie doch gelb. Sicher lag bei mir damals eine Verwechslung mit *Colutea media* vor. Ein dummer Fehler, und ich hoffe, wer ihn entdeckt, wird mir verzeihen.

Übrigens handelt es sich nicht um die Sorten, aus denen Sennesblättertee gemacht wird. Kinder können sie also ohne Mißtrauen betrachten und werden nur wenig Ermunterung brauchen, um die Samenkapseln platzen zu lassen. Das macht genausoviel Spaß wie bei Fuchsien.

Wenn Sie im Herbst Farbe im Garten haben möchten, dann sollten Sie sich jetzt die lodernden Büsche und Bäume ansehen und Ihre Wahl treffen. Im Frühling und Sommer neigen wir dazu, die Herbsttage zu vergessen, doch wenn sie sich dann einstellen, mit ihrer Melancholie und ihren Spinnweben, die so elegant und geometrisch gezeichnet von den Hecken hängen, dann sind wir doch der Fackel eines kleinen Baumes oder dem leisen Glimmen der Azaleen- und Päonienblätter nur zu dankbar. Ich finde, diese Farben sollten sich auf einen Bereich des Gartens konzentrieren, am besten ein Stück entfernt, damit sie von den Fenstern aus als wildes, blutrotes Gewirr erscheinen.

Ein Besuch in der nächstgelegenen Gärtnerei kann viele Anregungen liefern. Ich selber würde als Hintergrund, wie schon einmal erwähnt, Hahnenweißdorn setzen, *Crataegus crus-galli*, davor dann die Scharlacheiche, *Quercus coccinea*, sie wächst langsam, prangt aber im Oktober/November in prachtvollem Rot. Wenn ich dann noch Platz hätte, würde ich dahinter *Koelreuteria paniculata* pflanzen; mit der Zeit wird daraus ein hoher Baum, der in unseren Gärten nur selten zu sehen ist und der um diese Jahreszeit eine verblüffende Pyramide aus rosa, gelb und grün bildet. Vor das alles würde ich *Prunus sargentii* setzen, einen kleinen, hübschen Baum mit seinen rosa Blüten im Frühling, der im Herbst, wenn seine Blätter rot werden, noch reizvoller wird, vor allem dann, wenn Sie ihn an eine Stelle pflanzen, an der die frühe Morgensonne oder die späte Nachmittagssonne ihn bescheint und die Blätter durchscheinend aussehen läßt. Das ist sehr wichtig, finde ich, und alle Gärtner, die für den Herbst pflanzen, sollten daran denken: Es macht sich einfach gut, wenn Blätter im Sonnenlicht durchscheinend wirken. Ich würde schließlich ganz vorn noch eine Reihe von Herbstfarben setzen, kleine Bäume wie den torfliebenden *Disanthus cercidifolius*, dessen kleine runde Blätter wie Goldmünzen nach unten hängen; *Cornus kousa, Acer griseum* (Ahorn), *Nandina domestica, Euonymus alatus* (Pfaffenhütchen), ein äußerst leuchtendes Rosa; *Cotinus obovatus*, der Perückenstrauch, und den niedrigen, abgerundeten Busch *Berberis thunbergii*. Als Unterlage für die Front empfiehlt sich die entzückende kleine stachelige Rose *R. nitida*, die einen Teppich aus schwarzroten Blättern und Stengeln bildet, aus der Ferne vielleicht kein überwältigender Anblick, aus der Nähe jedoch sehr hübsch und ungewöhnlich.

An dieser Stelle möchte ich Mr. George Russell, der kürzlich im Alter von vierundneunzig Jahren verschieden ist, meine Reverenz erweisen. Mit zehn Jahren fing er als Gärtnerlehrling an und hat seither viele Jahre seines Lebens der Züchtung der Art gewidmet, die wir als Russell-Lupine kennen, mit ihrem bemerkenswerten Farbenspektrum, das sich von dem alten monotonen Blau so weit entfernt hat. Er muß ein reizender alter Herr gewesen sein. Ich bin ihm nie begegnet, aber er schrieb mir häufiger und schickte mir seine Gedichte. Ich wünschte, ich könnte sagen, seine Gedichte wären ebenso gelungen wie seine Lupinen.

Mein geschätzter Kollege, der Ex-Züchter und kühne Pflanzensammler Mr. Clarence Elliott, in der Gartenwelt berühmt, hat offenbar eine Aversion gegen das Unkrautjäten. Diese Aversion gilt nicht für von ihm behutsam und taktvoll durchgeführtes Jäten, sondern für die rücksichtslose und willkürliche Ausmerzung jeglicher Vegetation, die in einem kindlichen Stadium vom Aushilfs- oder sogar vom Profigärtner nicht erkannt wird. Kreuzkraut und Vogelmiere, oder auch die Setzlinge manch wertvoller Primel, alle fallen sie der Hacke zum Opfer, und alle wandern sie dann auf den Abfallhaufen. Das, wie Mr. Elliott zurecht anmerkt, verhindert auf effektive Weise jegliches erwünschte Überleben. Er findet kein gutes Wort für die Verwendung der Hacke, er möchte lieber mit der Hand und seinem Lieblingswerkzeug, dem Pflanzenheber jäten. Ich stimme ihm manchmal aufs erbittertste zu. Aber wir können nur einen kleinen Bereich mit der Hand vom Unkraut befreien, mehr Zeit haben wir nicht. Was also ist zu tun?

Eine Antwort auf diese Frage wäre, daß der Gärtner erst an die Arbeit gehen darf, wenn wir selber durch unseren Garten gegangen und neben jede selbstgesäte Pflanze, die wir behalten wollen, ein Stöckchen in den Boden gesteckt haben.

Ich möchte ein praktisches Beispiel anführen. Der sehr gewöhnliche, aber in meinen Augen wunderschöne *Cotoneaster horizontalis* (Felsenmispel) sät sich selber voller Begeisterung aus und sucht sich dafür die seltsamsten Ecken. Kleine dunkelgrüne Fischgrätpflanzen lugen überall hervor und scheinen ein besonderes Talent dafür zu haben, sich die Stellen auszusuchen, wo sie am besten zur Geltung kommen, an die wir sie jedoch nie im Leben gesetzt hätten. Ein solcher kleiner Setzling tauchte einmal im rechten Winkel einer Eibenhecke auf, und ich ließ ihn stehen. Jetzt bildet er zu Füßen der Eibe einen wunderschönen grünen und scharlachroten Fächer, den jeder ordnungsliebende hackenschwingende Gärtner, wie Mr. Elliott sagen würde, verabscheuen würde, doch mir ist er wirklich ans Herz gewachsen.

Es bedeutet schon etwas, solche Setzlinge vor der Vernichtung bewahrt zu haben. Ich habe noch sehr viel mehr *Cotoneaster horizontalis* bewahrt, »kleiner Dreck, nur zum Wegwerfen geeignet«, und zwischen Azaleen an einer sanften Böschung gepflanzt. Sie haben zwei oder drei Jahre gebraucht, um eine gewisse Wirkung zu entfalten, aber jetzt breiten sie sich aus und sehen unter den flammendroten Azaleenblättern wunderschön aus. Ein rot- und großblättriger Wein klettert gegenüber an einer Mauer hoch, und darüber färbt eine Reihe *Prunus sargentii* sich rosa; es ist alles ungeheuer üppig und rötlich.

Ich möchte einige Bemerkungen über die Bibernell- oder Schottischen Rosen machen, sie sind so unglaublich hübsch, gefleckt und marmoriert, ein- und zweifarbig, und außerdem sind sie sehr pflegeleicht. Wie Mr. Edward Bunyard bereits erwähnt hat, gibt es keine bessere Bedeckung für eine trockene Böschung, denn diese Rosen werden den Boden nicht nur mit ihrem dichten Wurzelgeflecht binden,

Herbstlaub mit dem roten Blatt in der Mitte: Prunus sargentii

sie werden sich auch unterirdisch verbreiten und immer wieder als kleine dornige Dschungel oder Dickichte zum Vorschein kommen und dadurch Unkraut abhalten. Sie sind ideale Pflanzen für kargen, erschöpften Boden oder für windige Stellen, an denen höhere, weniger zähe Gewächse nicht überleben könnten. Zu ihren Qualitäten gehört weiterhin, daß sie eine bezaubernde kleine Hecke ergeben können. Ihr einziger und zugegeben schwerwiegender Nachteil ist, daß sie nur einmal pro Jahr blühen, aber ihre Blätter bieten einen schönen Anblick, und wenn wir für diese Rose eine rauhe Ecke finden, zum Beispiel die von Mr. Bunyard erwähnte Böschung, dann können wir ihnen ihre nur so kurze Blütenexplosion im Juni doch verzeihen.

Aber es gibt eine Ausnahme zu dieser Regel der kurzen Blütezeit, nämlich *Stanwell perpetual*. Diese Rose ist nur eine halbe Schottische, nämlich eine Hybride von Schottischer und Damaszenerrose oder möglicherweise auch *R. gallica*; ich stelle mir gern vor, daß sie etwas von der *gallica* in sich hat, schließlich haben Frankreich und Schottland immer einen seltsamen Hang zueinander gehabt, das zeigt sich an ihrer Pfefferstreuer-Architektur und an bestimmten Ausdrücken, die aus der einen in die andere Sprache übergegangen sind: *Ne vous fachez pas*, dinna fash yoursel', und was Gerstenzucker oder *sucre d'orge* angeht, so könnte ich darüber ganze Artikel schreiben.

Aber das nur nebenbei. Hier soll es schließlich um die Rose *Stanwell perpetual* gehen. Ich habe diese bescheidene Rose, die das Adjektiv *perpetual* wirklich verdient hat, sehr lieb gewonnen. Es ist leicht, sie im großen Blumenmeer des Frühsommers zu übersehen, doch jetzt im Oktober, wenn wirklich jede Blume kostbar ist, bin ich ihr dankbar, weil sie mir ihre muschelrosa, stark duftenden, mit Engelsgeduld hervorgebrachten Blüten anbietet, die zu meiner Freude in einem Glas auf meinem Tisch ihre Aufgabe sehr elegant erfüllen und die mein Zimmer mit einem so feinen Duft erfüllen, daß er mich sofort anhaucht, wenn ich die Tür aufmache.

Stanwell perpetual wird größer als die durchschnittliche Schottische Rose, nämlich bis zu einem Meter fünfzig. Sie ist eine Hybride, wie gesagt. Miss Nancy Lindsay, einer Expertin für alte Rosen, zufolge, hat sie noch einen anderen Namen, nämlich *R. Victorian Valentine*. Dieser Name läßt an alte Valentinskarten denken – aber wie dem auch sei, ich fordere Sie wirklich auf, in Ihrem Garten *Stanwell perpetual* zu pflanzen, im Oktober wird diese Mühe sich bezahlt machen.

Eine Art Stift im leuchtendsten Orange fiel mir ins Auge, er war halb verborgen hinter einer Dolde *Berberis thunbergii*, die in etwa dieselbe Färbung angenommen hatte. Beide entfalteten im Sonnenschein des Spätnachmittags eine außergewöhnliche Strahlkraft. Ich konnte mich nicht mehr erinnern, ob ich sie ganz bewußt nebeneinander gepflanzt oder ob ein glücklicher Zufall sie zusammengeführt hatte. Genaueres Nachsehen ergab weitere »Stachel«, dreiseitige, weitgeöffnete Samenkapseln, in denen dicke Beerendolden zu sehen waren.

Es handelte sich um unsere einheimische *Iris foetidissima* in ihrem Herbstgewand. Unsere andere einheimische Iris ist die gelbe Ufer-Schwertlilie *I. pseudacorus*. Niemand würde *I. foetidissima* wegen ihres Namens pflanzen, der übersetzt »Stinkiris« bedeutet und dem unangenehmen Geruch zu verdanken ist, der beim Zerreiben der Blätter entsteht. Es besteht jedoch kein Grund, Blätter zu zerreiben, was ein müßiger Zeitvertreib ist, und wenn uns das lieber ist, können wir diese Iris Gladdon- oder Gladwyn-Iris oder sogar Roastbeef-Pflanze nennen. Einige Etymologen halten Gladdon oder Gladwyn für Verballhornungen von *Gladiolus*, da zwischen den schwertförmigen Blättern durchaus eine Ähnlichkeit besteht; aber ich wüßte zu gern, wie sie zu ihrem Roastbeefnamen gelangt ist.

Ihre Blüten sind klein, von trüber Malvenfarbe, sie sind weder wertvoll noch charmant, und pflücken sollten wir sie auch nicht, denn wir pflegen sie wegen ihrer Samenkapseln. Nicht, daß sie sehr viel Pflege brauchte, und außerdem gehört sie zu den liebenswerten Pflanzen, die auch im Schatten gedeihen. Die Mühseligen und mit schattigen Gärten oder schwierigen überschatteten Stellen Beladenen werden an dieser Stelle sicher aufhorchen. Die Samenkapseln machen sich im Haus schön als Dekoration im Spätherbst oder Winter, denn die Samen fallen nicht heraus, wenn die Samenkapseln platzen, und sie halten sich in einer Vase sehr lange. An einem trüben Abend bieten sie unter einer Tischlampe einen schönen, warmen Anblick. Miss Gertrude Jekyll schlug vor, den Strauß zuerst mit dem Kopf nach unten zu hängen, und ich glaube, daß sie damit recht hatte; sie hatte meistens recht und liebte ihre Experimente.

Ich möchte nun nicht behaupten, daß die orangefarbigen Beeren der Gladdon-Iris einen verfeinerten Strauß ergeben oder Blumenliebhaber mit elegantem Geschmack ansprechen; sie sind so grob, wie sie auffällig sind, sie sehen aus, als habe ein zufriedenes Kind sie nach nachmittäglichem Streifzug durchs Wäldchen ins Haus gebracht. Aber ihre leuchtende Farbe ist willkommen, ihre Grobheit läßt sich durch einige Zweige ihrer Gefährtin, der Berberitze, mildern. Und billig ist sie noch dazu.

Oft wird gegen viele der modernen oder »verbesserten« Varianten alter Blumen eingewandt, sie hätten ihren Duft verloren. In manchen Fällen ist dieser Vorwurf angebracht, in anderen nicht. Ich möchte in diesem Artikel auf die Gartenwicke eingehen. Jetzt ist dafür der richtige Zeitpunkt, denn im Oktober können wir noch die Samen in einem Topf aussäen, wenn wir sie im kommenden Frühling auspflanzen wollen.

Die eigentliche Wicke, *Lathyrus odoratus*, klein, mit

einer Kapuze und durchaus nicht mit besonderer Schönheit oder Farbe versehen, wurde 1699 von einem Pater Cupani an Dr. Robert Uvedale geschickt, dem Direktor der Grammar School von Enfield, Middlesex. Über Pater Cupani weiß ich nichts; Dr. Uvedale, Schulmeister und Gärtner, scheint ein richtiges Original gewesen zu sein. Er besaß eine schöne Sammlung von ausländischen Pflanzen, die nach seinem Tod 1722 an Sir Robert Walpole verkauft wurden, der sie für seinen Garten in Houghton in Norfolk haben wollte. Über Dr. Uvedale heißt es, daß »seine Blumen von erlesener Qualität waren, er züchtete sie auf methodische und kuriose Weise«. In seiner Sammlung befand sich auch die spanische Wicke, in Süditalien und Sizilien heimisch, die ich hierzulande gern wieder in größeren Umlauf bringen würde.

Zweifellos bieten die *L. grandiflorus* und *Spencer-Hybriden* ein breiteres Farbenspektrum, größere Solidität und längere Stiele, aber ihnen fehlt der Duft, dem sie ihren englischen Namen »sweet pea« (süße Erbse) verdanken. Im Vergleich mit dem bescheidenen kleinen Wildling haben sie in dieser Hinsicht wirklich keinen Grund zum Prahlen. Wir müssen zugeben, daß die wilde Wicke nicht weiter auffällig ist, ihr Rosa und Lila ist reichlich verwaschen, und die einzelnen Blüten sind klein, doch sie sind von einer gewissen raffinierten Eleganz, und der Duft eines halben Dutzends nebeneinander ist verblüffend.

Leider finde ich sie in keinem einzigen Katalog.

Sogar mein Lieblingszüchter, der über dreitausend Artikel auflistet und bei dem die seltsamsten Pflanzen zu finden sind, hat mich in diesem Fall enttäuscht. Das scheint nach der heißen Empfehlung ein entmutigend negativer Schluß zu sein, und ich kann nur vorschlagen, daß eventuelle Bekannte in Italien (oder Spanien, wo diese Wicken ebenfalls wachsen) gebeten werden sollten, per Post ein Päckchen Samen zu schicken. Natürlich empfiehlt sich der Versuch nicht, sie an einer Bohnenstange wachsen zu lassen und alle Seitentriebe zu unterdrücken, sie müssen an verzweigtem Erbsenreisig wild wuchern dürfen, in einer ungenutzten, aber sonnigen Ecke des Küchengartens.

Am Ende ihrer Blütezeit säen sie sich selber, wodurch der Bestand gesichert ist. Ich weiß genau, daß sie hier auf unseren Inseln Fuß fassen und daß ihr Samen reift, denn ich habe sie ziemlich weit in Norwegen in einem privaten Garten gesehen und kann voller Freude berichten, daß ich eine großzügige Handvoll mitgebracht habe, die hoffentlich im nächsten Sommer in meinem Garten Blüte tragen wird.

Die Blätter verfärben sich, und wenn es bis zum Erscheinen dieses Artikels bereits den ersten Frost gegeben hat, dann sind viele von ihnen bereits verschwunden. In manchen Jahren ist ihre Schönheit flüchtig, aber wenn sie auch nur für eine Woche leuchten, dann lohnt es

Lathyrus odoratus

sich wirklich, Bäume und Sträucher zu pflanzen, die in ihrem plötzlichen Auflodern so verwirrend an das erste Leuchten des Sommers erinnern.

Von unseren einheimischen Bäumen verfärbt sich als erste die Wild- oder Vogelkirsche. (Ich sollte vielleicht das Wort »einheimisch« dadurch erweitern, daß sie möglicherweise vor zweitausend Jahren von den Römern bei uns eingeführt worden ist, aber nach zweitausend Jahren fragt sicher niemand mehr nach den Einbürgerungspapieren.) Wir brauchen nicht weiter darauf hinzuweisen, wie schön die Wildkirsche im Frühling aussieht, mit ihren großen weißen Bäuschen, die aussehen wie der Rauch einer Lokomotive, die aus unerfindlichen Gründen mitten im Wald unterwegs ist. Ihre Herbstfarbe ist nicht weniger sensationell, doch sie fällt nicht ganz so sehr auf, denn die Oktoberblätter der Waldbäume Eiche, Buche und Kastanie umgeben sie noch immer mit ihrem schweren Grün, so daß wir sie nur aus der Nähe oder aus der richtigen Fernperspektive entdecken.

Nur wenige können sich leider einen so großen Garten leisten, daß Fernperspektiven überhaupt möglich sind. Die Tage der Landschaftsgärtnerei großen Stils sind vorbei, die Tage von Repton und Capability Brown, und unsere größten Hoffnungen liegen nun in der Bepflanzung der Straßenränder, die den Behörden obliegt. Aber wir könnten es uns doch weiterhin leisten, unsere eigene Wildkirsche an eine ausgesuchte Stelle in die West- oder Ostecke des Gartens zu setzen. Ich sage Ost oder West, weil die rötlichen Blätter dann entweder Morgen- oder Abendlicht einfangen, Sonnenaufgang oder Sonnenuntergang. Wenn wir bedenken, daß die Wildkirsche ein einheimischer Baum ist und damit aus ihren eigenen Wurzeln wächst, ohne gepfropft werden zu müssen, dann kostet sie in Baumschulen erstaunlich viel, doch tatkräftige Landbewohner finden oft in Wäldern oder Hecken große Setzlinge oder Wurzelschößlinge, die den Wurzeln eines reifen Exemplars entspringen, und verpflanzen sie ohne Kosten und mit nicht allzugroßer Mühe. Über diese Mühe können sie sich mit der Vorstellung hinwegtrösten, daß ihr Wildling eine Lebenserwartung von mehr als einem Jahrhundert hat.

Das soll nun aber nicht als Aufruf verstanden werden, unsere Landgebiete ihrer wilden Pflanzen zu berauben, sondern vielmehr als Aufruf, die Wildlinge vor dem frühen Tod durch die Hände von Bauern und Holzfällern zu retten.

Die Vogelkirsche oder *Prunus avium* darf nicht mit der Traubenkirsche verwechselt werden, obwohl ihr lateinischer Beiname »von Vögeln« bedeutet. Die Traubenkirsche ist *Prunus padus*, wild ist sie eher im Norden als im Süden Großbritanniens anzutreffen. Es gibt auch eine kultivierte Form der Traubenkirsche: *P. padus Watereri*. Sie besitzt einen, wie meine Nase mir sagt, seltsam honigartigen Duft.

November

Vor kurzem bin ich in meiner Kolumne auf das figürliche Beschneiden von Bäumen eingegangen. Ich rechnete mit vorwurfsvollen Briefen, daß Eibe zu teuer und zu langsamwüchsig für den durchschnittlichen Gartenbesitzer sei. Deshalb möchte ich heute auf eine billigere und schnellere Möglichkeit eingehen, eine Hecke zu erlangen, die sich zu Figuren beschneiden läßt. Meinem heutigen Vorschlag fehlt die dunkle Würde der Eibe, aber er hat dafür seinen ganz eigenen Charme, auf französisch heißt er sogar so. Die Rede ist von der Hainbuche (*Carpinus*).

Hainbuche ist relativ billig und empfiehlt sich für Bewohner eines kalkreichen Bodens, denn wie ihre botanische Verwandte, die Buche, findet die Hainbuche einen alkalischen Boden geradezu angenehm. Buchen sind teurer und wachsen langsamer. Hainbuche und Buche behalten den Winter über ihre braunen Blätter, im Frühling stoßen die jungen grünen Blätter ihre vertrockneten Eltern dann vom Zweig.

Unsere Freunde und Nachbarn, die Franzosen, verwenden die Hainbuche auf höchst phantasievolle Weise. Sie lassen sie als gerade, aufrechte Bäume wachsen, mit einem Stamm und einer flachen, tischartigen Spitze. Sie amüsieren sich damit, Hainbuchen zu immer neuen Formen zu beschneiden. Sie haben vielleicht nicht denselben Erfolg mit ihren Blumen wie wir, denn sie sind niemals über das alte viktorianische System des Auspflanzens hinausgekommen, aber sie haben auf jeden Fall ein besseres Gespür für Design als wir, auch wenn ihre geraden Linien und Perspektiven nicht unbedingt den unordentlicheren und weniger disziplinierten englischen Geschmack befriedigen. Einmal habe ich jedoch in einem Märchengarten in Fontainebleau eine wunderbare Verwendung der Hainbuche gesehen, die die Strenge des Entwurfs mit suggestiver Poesie zu verbinden schien. Es war ein perfekter Hainbuchenkreis, vielleicht sieben Meter hoch, ein Kreis, in dem jeder dritte Baum fehlte, wohingegen die Kronen sich oben begegneten, so daß der Ring in regelmäßigen Abständen durchbrochen war, was eine Art Arkade ergab, durch die immer wieder der sie umgebende Garten wie eine Überraschung zu sehen war. Dieses Rahmenwerk gab ein Gefühl von Weite und lieferte eine ganze Bilderserie, die die Besucherin anregte, hindurchzuwandern, um zu entdecken, was dahinter lag.

Die alte Redensart trifft eben zu: »Die Italiener bauen ihre Gärten, die Engländer pflanzen ihre Gärten, die Franzosen entwerfen ihre Gärten.«

Ich habe schon angekündigt, daß ich diese Woche über blühende Hecken schreiben würde. Dabei wollte ich vor allem auf die Rosenhecke eingehen, aber das ist ein ganz besonderes Thema, das eine Liste von passenden Varianten verlangt, die meinen Platz hier sprengen würde. Einige Berberitzen ergeben wunderbare Hecken, die im Frühling orange oder gelb blühen und im Herbst dunkle Beeren tragen, außerdem sind sie dornig genug, um die meisten Eindringlinge abzuhalten, und sie können so oft oder so selten beschnitten werden, wie wir das für richtig halten. *Berberis drawinii*, B. *stenophylla* und B. *gagnepainii* werden am häufigsten empfohlen, doch wenn Sie etwas Außergewöhnlicheres suchen, dann gibt es auch noch die leuchtend orangerote B. *linearifolia*. Diese Variante jedoch wächst ziemlich langsam.

Der *Pyracantha* oder Feuerdorn besticht weniger durch seine Blüten als durch seine Beeren, diese jedoch bieten im Herbst einen großartigen Anblick. *P. rogersiana*, *P. angustifolia* und *P. Lalandei* empfehlen sich alle, alle sind ausreichend und grausam bewaffnet. Unter den *Cotoneastern*, unbewaffnet, aber beerentragend, gibt es C. *franchettii*, der nur selten beschnitten werden muß, und C. *simonsii*, der härter beschnitten werden sollte, was aber den Verlust eines Teils der Beeren bedeutet. *Chaenomeles*, zumeist *japanica* benannt, läßt sich als Hecke pflanzen. Ich würde auch gern eine Hecke aus C. *cathayensis* sehen, denn der ist sehr dornig, seine jadegrünen Früchte sind ein guter Blickfang, und man kann Marmelade daraus kochen.

Wenn Sie eine lässige, wenig förmliche Hecke möchten, die nur zur Zierde und nicht als Absperrung gegen Vieh und kleine Jungen dienen soll, dann bieten sich viele blühende Sträucher an. *Forsythia intermedia* zieht einen goldenen Strich, ebenso die einfache *Kerria japonica* (Ranunkelstrauch), die viel heller und eleganter ist als die gefüllte Variante, die wir in alten Gärten so oft sehen. Flieder und der süßduftende *Philadelphus coronarius* (Falscher Jasmin) wachsen als Hecken wie als Einzelexemplare; sie verbreiten sich gern und nehmen deshalb viel Platz weg, dazu entwickelt Flieder noch Wurzelschößlinge, falls Sie nicht dafür sorgen, daß er auf seinen eigenen Wurzeln steht; *Hypericum patulum*, eine Art Johanniskraut, vor allem die Varianten *forestii* und *henryi*, hat eine sehr lange Blütezeit und nichts gegen ein wenig Schatten einzuwenden. Die Deutzien können ebenfalls ein wenig Schatten vertragen und sind im Juni von entzückendem Weiß und Rosa, sie dürfen jedoch nicht beschnitten werden, sonst gibt es in der nächsten Saison keine Blüten. Zum Glück werden sie nicht sehr groß oder unordentlich.

In den südlichen Provinzen Frankreichs kommen wir nicht auf viele gute Ideen für den nördlichen Garten; das Klima ist zu anders, nicht nur, weil viele Pflanzen bei uns nicht überleben könnten, sondern auch, weil der starke Sonnenschein Farbgruppen wunderschön aussehen läßt, die bei uns zu Hause nur wie die Auspflanzungen in öffentlichen Parks aussehen würden. Scharlachsalbei, Blumenrohr und sogar Begonien glühen in einer Intensität, die ihr Wesen wirklich zu verändern scheint.

Mir ist aber trotzdem eine neue Verwendung einer sehr alltäglichen Pflanze aufgefallen, die ich zuerst für unseren alten Freund, den Wilden Wein* *Ampelopsis veitchii* hielt. Ich habe ihn immer schon für einen hübschen Burschen gehalten, denn im Herbst wird er so rot wie der schönste Ahorn. Allerdings dürfen wir ihn nicht vor einer roten Ziegelmauer sehen. Hier im Süden sah ich ihn frei wachsen, er fiel in Kaskaden über eine Terrasse oder wand sich durch einen dunkelgrünen Baum, um dann in langen, lockeren, scharlachroten Strängen weiterzuschweben. Wenn man ihm seine Freiheit läßt, ist er von so umwerfendem Rot wie die rote Kapuzinerkresse, die in Schottland wuchert, während sie sich in England oft so zurückhaltend gibt. Ich kann mir vorstellen, wie er eine Stechpalme umkränzt oder vor den Zweigen eines *Quercus ilex* (Steineiche) hängt, wenn Sie das Glück haben, einen ausgewachsenen zu besitzen, oder wie er seinen Weg durch eine grobe Dornenhecke sucht. Oft finden wir bei solchen Hecken eine sehr hoch gewachsene Stechpalme – ich glaube, auf dem Land lebt noch immer der alte Aber-

* Das war ein großer Irrtum, ich hatte nicht genau genug hingesehen. Ich hätte daran denken sollen, daß Wilder Wein haftet, während es sich hier um ein lockeres, wanderndes Gewächs ohne Klebepolster handelte.

glaube, daß es Unglück bringt, eine Stechpalme auf Heckenhöhe zu stutzen. Auf jeden Fall würde eine Pyramide aus Scharlachrot und Grün aufleuchten wie eine Fackel, vor allem, wenn die tiefen Strahlen der Herbstsonne sie treffen.

Ich habe bereits auf den Vorteil einiger dunkler Bäume als Gastgeber für Kletterer hingewiesen, denn für mich ist die Kombination von Dunkelgrün und Leuchtendrot eine der wirkungsvollsten in der Natur, aber ich erinnere mich an einen Wilden Wein, der sich in die Zweige einer hohen Gelbbirke vorgekämpft hatte. Da hing er dann, blaßrosa und durchscheinend, vor der Eleganz des weißen Baumes. Sicher war er aus irgendeinem Garten entwischt, denn niemand hätte ihn doch hier am Waldrand gepflanzt.

Auch mit einigen Zierweinen wäre das möglich, mit *Vitis coignetiae* oder *Vitis vinifera Brant.* Sie wachsen frei und werden deshalb vor allem über Lauben und Bogengänge gelegt, wo ihre schönen rosigen Blätter frei hängen können und das Maximum an hellem Licht erhalten, das sie brauchen und verlangen. Hierzulande wird Zierwein nicht oft genug genommen, weil wir noch nicht gelernt haben, ihn so wachsen zu lassen, wie er den meisten Nutzen bringt. Ich könnte mir vorstellen, daß er locker und unbehindert hängen darf, so, wie er sorglos in meiner geliebten Ecke von Südwestfrankreich Terrassen und Brüstungen von Schloßruinen überwuchert.

Ab und zu wird irgendeine maßgebliche Monographie über eine Art oder eine Pflanzenfamilie veröffentlicht, die für Fachleute wertvoll und für Amateure interessant ist. Eine solche Monographie teilt den Fachleuten alles mit, was sie zu wissen überhaupt nur wünschen können, während der Amateur wesentlich mehr erfährt, als er überhaupt beherzigen kann. Der Amateur sollte sich von Begriffen wie Zytologie, Morphologie, Klonen oder Chromosomen nicht beunruhigen lassen – er kann einfach darüber hinweglesen und sich das suchen, was er wirklich über die Geschichte und Zucht seiner Lieblingsblumen wissen möchte.

Ich denke hier an Schneeglöckchen und Märzenbecher. Wir alle lieben Schneeglöckchen, es ist eine sentimentale Liebe, die bis in unsere Kindheit zurückreicht. Damals schauten sie tapfer aus dem Schnee und rechtfertigten damit ihren französischen Namen *Perce-neige*, aber vielleicht wußten wir nie viel mehr über sie, außer der Tatsache, daß wir sie im Januar pflücken konnten, wenn es ansonsten wenig zu pflücken gab.

Wenn wir mehr darüber erfahren möchten, können wir jetzt das Buch *Snowdrops and Snowflakes* von Sir Frederick Stern konsultieren. Sir Frederick arbeitete an diesem Buch zunächst zusammen mit dem verstorbenen Mr. E. A. Bowles. Zwei bedeutende Experten taten sich zusammen, um ein Buch herauszugeben, das sich wohl kaum übertreffen läßt und das Fachleuten und Amateuren gleichermaßen Informationen bietet. Ich möchte einige der weniger

Vitis coignetiae an einer Mauer im Garten von Sissinghurst

technischen Auskünfte anführen, die ich immer so faszinierend finde.

Es ist zum Beispiel seltsam, daß Shakespeare niemals Schneeglöckchen erwähnt hat, wo er doch sein Werk sonst so gern mit den Namen unserer schlichten Blumen schmückte. Und doch ist das gemeine Schneeglöckchen, *Galanthus nivalis*, aller Wahrscheinlichkeit nach in Großbritannien heimisch, während es zugleich weit durch die Geographie verbreitet ist und von Spanien, Frankreich, Italien und den Balkan bis nach Rußland gelangt ist. (Ich wüßte gern, ob es in Warwickshire jemals wild gewachsen ist oder noch wächst.) Sir Frederick kommt zu der überzeugenden Annahme, daß es in der Elisabethanischen Zeit als Weißes Knollenveilchen bekannt war, ein Name, der sich in der Poesie nun wirklich nicht sehr gut macht. Anscheinend kam die Bezeichnung Schneeglöckchen erst fünfzig Jahre nach Shakespeares Tod auf. Es gab auch noch andere schöne Namen wie Weiße Damen, Februarmilchmädchen oder Lichtmeßglocken, niemals jedoch Milchblume, obwohl der botanische Name *galanthus* sich vom griechischen γαλα (gala) ableitet, was Milch bedeutet. Es gibt viele Varianten, und es mag überraschen, daß zumindest drei davon im Herbst und sogar schon im September blühen. Ich ziehe allerdings meine Schneeglöckchen zur üblichen Zeit vor, also im tiefen Winter.

Sie machen nicht viel Arbeit, wir müssen nur bedenken, daß die am häufigsten vorkommende Form, *nivalis*, in einigen Gegenden besser gedeiht als in anderen, vor allem in Schottland und den nördlichen Grafschaften. Ich nehme an, es ist allgemein bekannt, daß man die Zwiebeln ausgraben, wenn nötig teilen und neu pflanzen sollte, wenn die Blüten anfangen zu verwelken. Versetzen Sie sie schnell, und lassen Sie sie nicht in Kontakt mit tierischem Dünger kommen: Das hassen sie.

Als ich letzte Woche über Schneeglöckchen geschrieben habe, war plötzlich kein Platz mehr für die ihnen so eng verwandten Märzenbecher oder *Leucojum*. Ich finde, wir pflanzen bei weitem nicht genug Märzenbecher an. Sie sind so hübsch und viel größer als die Schneeglöckchen, denn ihre Glocken hängen im Frühling in einer Höhe von sechs Zentimetern über ihren binsenartigen Blättern. Gott möge mir vergeben, in jüngeren Jahren grub ich in einem verlassenen Garten, den ich retten wollte, eine ganze Kolonie aus. Damals wußte ich ihre Schönheit nicht zu schätzen und versetzte sie rücksichtslos in eine abgelegene Ecke, wo glücklicherweise einige noch bis heute überlebt haben. Sie waren besonders schöne Exemplare, wenn die Kolonie auch heftigst überbevölkert war, und sie hätten lange vor meinem Eingreifen vereinzelt werden müssen. Wir begehen wirklich schockierende Missetaten, wenn wir es nicht besser wissen.

Ich weiß es jetzt ein bißchen besser und möchte nicht

ohne *Leucojum aestivum* sein, vor allem nicht ohne die als Knotenblume bekannte Variante. Sie blüht im April oder Mai, was ziemlich irreführend ist, da *aestivum* Sommer bedeutet. *Leucojum vernum* dagegen macht seinem Adjektiv alle Ehre, da es wirklich im Frühling blüht, oft schon im Februar oder März. Es macht sich sehr gut im Steingarten oder einfach im Gras. Es ist eine sehr pflegeleichte Pflanze, die sich in Sonne und Schatten gleichermaßen wohl fühlt und auch nichts gegen kalkreichen Boden einzuwenden hat. Wie das Schneeglöckchen sollte es ausgegraben, geteilt und neu gepflanzt werden, wenn die Blüten zu verwelken beginnen. Das klingt seltsam, schließlich werden wir immer aufgefordert, die Blätter erst gelb werden und absterben zu lassen, ehe wir die Knollen ausgraben. Schneeglöckchen und Märzenbecher jedoch verhalten sich ganz anders. Sie möchten ausgegraben werden, wenn die Blätter noch grün sind, dann werden sie geteilt und als junge Wurzelballen neu gesetzt.

Leucojum autumnale ist ein ziemlich mickerig aussehendes Gewächs, ihm fehlt die Solidität von *vernum* und *aestivum*. Es gilt als zäh, aber ich habe trotzdem keine Lust, mich mit ihm abzugeben, wir haben unsere Vorurteile und müssen dabei bleiben. Ich möchte aber auf jeden Fall die Frühlings- und sogenannten Sommermärzenbecher heiß empfehlen, die nicht besonders viel kosten und sich durch ihre jährliche Vermehrung wirklich bezahlt machen, was allerdings für viele Zwiebeln gilt.

Die Mispel ist nicht gerade eine Frucht, die mir am Herzen liegt; wenn sie gegessen werden kann, hat sie eine viel zu große Ähnlichkeit mit einer verfaulenden oder »schwammigen« Birne. Aber wir können sie einkochen, und der kleine Baum ist auf jeden Fall für den Garten von Wert, denn in einem freundlichen Herbst zeigen die Blätter ein wunderschönes buntes Gesprenkel, rosa, gelb, grün und braun, und dazwischen hängen die rostbraunen Früchte, die mich immer an diese knotigen Objekte erinnern, die an den dreschflegelartigen Handwaffen der mittelalterlichen Kriegführung mit Lederriemen befestigt sind.

Doch obwohl ich die Mispel als Frucht nicht weiter liebe, kennt meine Zuneigung zur Kirschpflaume oder dem Katappenbaum (*Terminalia catappa*) keine Grenze. Ich wünschte, sie ließe sich viel häufiger anpflanzen. Von ihr kann ich wirklich nur Gutes sagen. Sie wächst schnell; im Frühling ist sie mit ihren weißen Blüten ein wahrer Augenschmaus, sie gelangt zu größter Schönheit, wenn im Mittsommer ihre Früchte reifen und ihre Zweige unter deren Gewicht fast bis auf den Boden hängen. Die Zweige scheinen dann mit dicken Bernsteinstücken und Topasen behangen zu sein, wie bei einem Baum aus einem orientalischen Märchen.

In den meisten Jahren trägt sie reiche Ernte. Die Früchte ergeben eine köstliche Marmelade, vor allem, wenn Sie die Samen aus den Früchten hineingeben, das gibt ein scharfes Mandelaroma, ähnlich dem, das Kerne in Aprikosenmarmelade hervorrufen. Auch für Hecken empfiehlt sie sich. Sie ist sicherlich ein Baum, den Sie zu Ihrer eigenen und zur Freude Ihrer Kinder pflanzen können.

Pflanzen Sie auch Reineclauden (*Prunus domestica italica*), jetzt (November) ist die richtige Zeit, um sie zu bestellen und zu pflanzen.

Eine Versuchung und ein Vorschlag erreichen mich, gleichermaßen in Form eines Handzettels, über retardierende Samenkronen von Maiglöckchen. Wenn dieser Handzettel nicht von einem seriösen und zuverlässigen Züchter stammte, dann hätte ich meine Zweifel, denn es klingt einfach zu gut, um wahr zu sein. Aber ich glaube nun, daß ich innerhalb von drei bis vier Wochen nach dem Pflanzen zu jeder Jahreszeit Maiglöckchen (*Convallaria*) haben kann, sogar jetzt, und dann sind sie zu Weihnachten gerade erblüht. Es ist die pure Extravaganz, denn die Kronen müssen weggeworfen werden, es hätte keinen Zweck, sie zu pflanzen wie die Knollen von Narzissen und Hyazinthen, die dazu gezüchtet worden sind.

Sie brauchen die Pflanzen nur zu bestellen und sie dann gleich an dem Tag zu setzen, an dem Sie sie erhalten haben. Warten Sie damit nicht, sie mögen nicht müßig herumliegen. Sie können sie in ein Rahmenbeet setzen, wenn dort die Nachttemperatur nicht von der des Tages abweicht, was nicht leicht ist, es sei denn, sie könnten von unten her heizen, oder Sie setzen sie in Töpfen oder Schachteln von mindestens zwölf Zentimetern Tiefe, eine normale Setzschachtel ist also nicht gut genug. Auch mit Torffasern gefüllte Schalen sind möglich, die in einem warmen (um die 15 C°) Schrank stehen sollten, wenn Sie einen haben – ich nehme an, daß ein Wäscheschrank mit Heißluftgebläse dafür geeignet wäre. Sie sollten im Dunkeln bleiben, bis aus den Kronen Auswüchse von mindestens fünfzehn Zentimetern gewachsen sind. Erst dann dürfen sie ans helle Licht, aber niemals dürfen Sie sie Sonnenstrahlen aussetzen. Aus diesem Grunde, weil sie eben Wärme und Schatten brauchen, sollten sie wohl in ihren Schachteln, Töpfen oder Schalen unter dem Regal in einem Gewächshaus stehen. Sie müssen immer feucht gehalten werden, und die Spitzen der Kronen dürfen nicht mit Erde bedeckt werden.

Jetzt ist übrigens ein geeigneter Zeitpunkt für das Auspflanzen von Maiglöckchen im Garten. Ein Nachbar, der sie in seinem wunderschönen Waldgarten ausgiebig zwischen Azaleen und Primeln setzt, behauptet, sie niemals wirklich zu pflanzen, er wirft sie einfach auf den Boden, bedeckt sie ganz leicht mit Lauberde und überläßt sie dann ihrem Schicksal. Ich habe das nicht versucht, aber bei ihm macht diese Methode sich bezahlt, möglicherweise, weil sein Boden weich, reich und schwammig ist und von kleinen Wasserläufen durchzogen wird, so daß die Wurzeln kaum je auf Widerstand stoßen. Sie haben seltsame Angewohnheiten, ich habe versucht, sie unter Bäumen zu pflanzen, wo sie doch eigentlich hingehören, aber sie scheinen die Mitte eines steinigen Weges vorzuziehen. Pflanzen verhalten sich einfach nie so, wie wir das von ihnen erwarten.

Das gewöhnliche alte englische Maiglöckchen hat den süßesten Duft von allen, doch auch die großblütige Variante C. *Fortin's Giant* hat ihre Qualitäten, denn sie blüht ziemlich spät und verlängert damit die Saison um vierzehn Tage.

Viele tausend Schalen mit vielen hunderttausend Zwiebeln verstecken sich derzeit wohl in seltsamen dunklen Schlupfwinkeln der Häuser Großbritanniens. In Verschlägen unter den Treppen, in Rumpelkammern hinter Koffertürmen, unter Betten und sogar unter Sofas lauern die Puddingschüsseln und Keramiktöpfe, die mit dieser wunderschönen schokoladenbraunen Faser gefüllt sind, und diese Faser wird symmetrisch und im Kreismuster von scharfen weißen Zähnchen perforiert. Ungastliche Maßnahmen gegen Mäuse sind ergriffen worden, denn deren Vorliebe für Krokus- und Tulpenzwiebeln ist bekannt: Kleine Pyramiden aus einem sägemehlartigen Mittel sind aufgehäuft worden, ihr tägliches Verschwinden wird voller Entzücken registriert. Manche Schalen sind, bedeckt mit dünnem weichem Papier, ans Tageslicht geholt worden, die papierweiße Narzisse zeigt manchmal schon eine fette Knospe.

Schade, daß sich weder die papierweiße Narzisse noch die Römische Hyazinthe später im Freien auspflanzen lassen. Die normale Hyazinthe und die übrigen Narzissen und Osterglocken machen sich im Freien gut, und es trifft auch nicht zu, daß sie nach der Vermehrung immer zwei Jahre brauchen, um sich zu vermehren. Ich stelle fest, daß ein beträchtlicher Teil von ihnen schon in der nächsten Saison wieder blüht.

Ein Leser bittet mich, auf ein Problem einzugehen, das seiner Ansicht nach vielen zu schaffen macht. Er hat ein neues Haus und einen neuen Garten in einer neuen Wohnsiedlung, und nach drei oder vier Jahren wird sein Beruf ihn mit ziemlicher Sicherheit zum Umzug in einen anderen Landesteil zwingen. Was soll er tun, um 1) unbeobachtet von den Nachbarn sein Privatleben pflegen zu können, und 2) in der kürzestmöglichen Zeit eine Art Blumengarten anzulegen?

Ich fürchte, viele originelle Vorschläge kann ich ihm da nicht machen. Ungeduld und Gärtnerei vertragen sich nur schlecht. Aber etwas muß geschehen. Privatleben ist von allergrößter Wichtigkeit, und Privatleben bedeutet eine Hecke. Ich bin nicht besonders begeistert von *Lonicera nitida*, die zu so gewaltiger Beliebtheit gelangte, als sie vor einigen Jahren auf den Markt kam, aber immerhin wächst sie schnell, ist dicht, immergrün und billig. Der Nachteil ist, daß sie sehr oft geschnitten werden muß, wenn sie nicht ausufern soll. Auch Hainbuche wächst schnell, kostet aber etwas mehr, ist nicht immergrün, behält aber durch den ganzen Winter ihre pikanten braunen Blätter, sieht also nur selten wirklich kahl aus. Der Schlingknöterich *Polygonum baldschuanicum* mit seinen federhaften weißen Blüten im Sommer ist eine gute Investition, man braucht nicht viele Pflanzen entlang eines Zaunes, Drahtes oder eines Spalieres. Der Schlingknöterich verliert jedoch im Herbst seine Blätter und kann deshalb im Winter nicht viel Schutz bieten. Wenn das nicht unbedingt ein Hindernis ist, dann wäre eine Hecke aus fruchttragenden Dornsträuchern ungewöhnlicher und auch lohnender; Loganbeeren, Johannisbeeren, die neuen Boysenbeeren oder die kultivierte Brombeere (*Rubus*), vor allem die *thibetanus* genannte, bieten sich allesamt an. Es gibt auch noch dermaßen kräftige Kletterrosen, daß sie bei guter Ernährung innerhalb von ein oder zwei Jahren den Zaun verdeckt haben müßten; wir müssen durchaus nicht nur die alten Sorten *Dorothy Perkins* und *American Pillar* setzen, zum selben Preis gibt es sehr viel hübschere Sorten wie *New Dawn*, *Albertine*, *Felicité Perpétue*, *Everblooming Dr. W. van Fleet*, *Albéric Barbier*, *François Juranville*.

Was den Blumengarten angeht, so gibt es eine reiche Auswahl an robusten Einjährigen. Zur Aussaat sind Beete oder Rabatten mit ausreichend guter oberer Erdschicht nötig. Wenn mein Leser sich für Beete entscheidet, dann hoffe ich, daß er Vierecke oder Quadrate anlegt, keine Herzen, Halbmonde oder Rhomben. Wenn er die Kosten nicht scheut, dann wird ihn natürlich nichts davon abhalten, sie mit krautartigen winterharten blühenden Sträuchern oder Rosen zu füllen. Jeder muß eben seine Probleme selber lösen.

Es ist amüsant und auch nützlich, wenn wir uns jetzt fragen, was wir pflanzen könnten, um zwölf Monate voraus in die Zukunft zu schauen und ein kompaktes kleines Bündel aus dem zusammenzustellen, was in diesem trüben, öden Monat draußen wächst. Als ich im Nieselregen mit Messer und Gartenschere unterwegs war, konnte ich durchaus ein vorzeigbares Kuddelmuddel sammeln. Manches duftete, anderes war einfach hübsch, und einiges war mit dem Ziel gepflanzt worden, im November gepflückt zu werden.

Zu den duftenden Pflanzen gehörte der Schneeball *Viburnum bodnantense* und *Viburnum farreri*, dazu einige Zweige *Daphne retusa*, einige verirrte Rosen, vor allem die Schottische Rose *Stanwell perpetual* und die hybride Moschusrose *Penelope*, die unermüdlich immer weitermacht und deren Knospen sich in Wasser allesamt öffnen. Dazu gab ich noch einige nach Zitrone duftende Verbenen und ein paar efeublättrige Geranien; sie standen schon den ganzen Sommer über im Freien und hatten noch keine Frostschäden davongetragen.

Zu den geruchlosen, aber bunteren Pflanzen gehörten Enzian und Alpenveilchen *Cyclamen neapolitanum*, beide rosa und weiß, die aus ihren wunderschön marmorierten Blättern herauswuchsen, die, wie genaueres Hinsehen ergibt, von Pflanze zu Pflanze immer neue Muster zeigen. Sie überraschen durch ihre unendliche Variationsfähigkeit, und das auf unschuldigere Weise als die, in der Kleopatra ihren Antonius überraschte. Ich pflückte noch einige Zweige *Abutilon megapotamicum* (Zimmerahorn), das seit dem Juni blüht und offenbar erst dann damit aufhören will, wenn ein böser Frost zuschlägt. Es wächst vor einer Südwand und braucht im Winter ein wenig Schutz, wirklich nur ein wenig, eine Ladung grobe Asche über seinen Wurzeln und ein Vorhang aus Sackleinen, wenn es wirklich kalt wird. Ich fand einige schöne *Polianthes*, die sich um einiges verspätet hatten, die blaue kalifornische Variante und einige butter-und-creme-farbene *tuberosa*, gezogen von Miss Gertrude Jekyll, dieser vorzüglichen Gärtnerin, der wir soviel verdanken. Es war durchaus keine schlechte Ernte, schließlich war alles unter freiem Himmel gewachsen, aber wer ein leicht beheizbares Gewächshaus hat, kann damit rechnen, daß einige Töpfe *Cypripedium insigne*, die pflegeleichteste aller Orchideen, vom Frauenschuh-Typ, mit dem dicken Sack und den flügelhaften Blütenblättern, reichen Ertrag bringen werden. Ich

Viburnum farreri

kann mir kein besseres Weihnachtsgeschenk vorstellen als einen damit wohlgefüllten Topf, denn die Blüte überlebt auch in der Vase noch mehrere Wochen, und die Pflanze selber bleibt viele Jahre grün. Ich glaube nicht, daß ein Gewächshaus nötig ist; eine Fensterbank in einem Zimmer, in dem die Temperatur nicht unter 7 °C sinkt, müßte reichen. Sie mögen kein starkes Sonnenlicht und brauchen sehr viel Wasser.

Sie müssen etwa alle drei Jahre umgetopft werden, und dazu empfiehlt sich Blumenerde aus der Gärtnerei. Pflanzen Sie sie so fest Sie können, pressen Sie den Torfmooskompost mit starken Fingern und einem stumpfen Stück Holz, wie ein fetter, ungespitzter Bleistift, zusammen, und benutzen sie viele kleine Topfscherben zur Drainage.

Die Salbei-Familie ist im Küchen- und im Blumengarten gleichermaßen bekannt. Einige ihrer Mitglieder sind aromatische Kräuter, die in der Sonne der Mittelmeerländer die Hügel zum Duften bringen, wir assoziieren sie mit groben Fußwegen, Ziegen und Oliven. Salbei ist überhaupt eine liebenswerte Pflanze, der lateinische Name *Salvia* kommt von *salvare*, retten oder heilen, und ein Spitzname des Salbei lautet *S. salvatrix*, was sich doch sehr beruhigend anhört. *S. sclarea* wird auf englisch auch Clear Eye oder See Bright genannt. In Frankreich wird ihm eine sehr umgängliche Persönlichkeit zugeschrieben, dort heißt es nämlich ganz einfach Toute Bonne, und ich muß dabei immer an eine rosige alte Landfrau in einer blauen Schürze denken.

Küchensalbei wächst in dekorativen Büscheln, es gibt rötliche, bunte und ganz einfach graugrüne Blätter. Gartensalbei empfiehlt sich für krautartige Rabatten. Ich rede hier nicht von der halbrobusten Auspflanzsorte, die die für öffentliche Parks Verantwortlichen so lieben, von S. *splendens*, deren Verwendung wirklich nur den allergeschicktesten Gärtnern erlaubt sein sollte. Ich rede von alten Favoriten wie S. *virgata nemorosa*, einem neunzig Zentimeter hohen, buschigen Gewächs, dessen blaulippige Blütenbüschel zwischen rotvioletten Blättern sitzen und im Mittsommer sehr lange leben; oder von S. *grahamii*, ebenso vertraut mit seinen zähen roten Blüten, einem einigermaßen winterfesten Mexikaner. Seit kurzem eingeführt, aber noch nicht so bekannt, wie er das verdient hätte, ist S. *haematodes*, den ich nur empfehlen kann; er erhebt sich zu einer etwa ein Meter fünfzig hohen blauen Wolke, die sich hinter jeder graublättrigen Pflanze wie dem alten englischen Lavendel sehr gut macht. Dieser Salbei läßt sich sehr leicht aus Samen ziehen, vor allem, wenn sie gleich nach dem Reifen ausgesät werden, und produziert außerdem auf eigene Faust Dutzende von Setzlingen. Wenn Sie die Stiele oder die Spitzen einen Moment lang mit kochendem Wasser übergießen, lassen sie sich leicht pflücken.

Wer genug Zeit hat, sollte unbedingt S. *patens* pflanzen.

Diese Pflanze ist eine Last, in etwa so, wie es die Dahlie ist, denn ihre Knollen müssen im Herbst ausgegraben, frostgeschützt aufbewahrt, im April unter Glas zum Wachsen gebracht und Ende Mai wieder ausgepflanzt werden. Die Knollen an sich sind gar nicht so empfindlich, aber es besteht die Gefahr, daß später Frost die jungen Triebe zerstört; eine Glocke kann diese Gefahr vielleicht bannen. Das erstaunliche Azur der Blüten macht diese Mühe aber wieder wett. Wie der Enzian können sie es mit dem Leuchten der blauen Teile eines bunten Glasfensters aufnehmen.

Ob ich bitte einen Artikel über »Kalkhasser« oder »Womit man keine Zeit vergeuden sollte« schreiben könnte? Mein Entschluß, diesem Wunsch nachzukommen, wurde durch die Klagen eines Herrn verstärkt, der sich im letzten Frühling eine *Pieris forrestii* (Lavendelheide) gekauft und sie sehr behutsam in den Kalkboden der Epsom Downs gesetzt hat, wo sie jetzt zu seiner Überraschung alle Anzeichen eines unmittelbar bevorstehenden Zusammenbruchs zeigt.

Es ist unmöglich, eine absolute und umfassende Regel aufzustellen. Manche Pflanzen fühlen sich zwar wohler in saurem (kalkfreiem) Boden, können aber mit einer bestimmten Menge an alkalischen Eigenschaften doch noch leben. Es ist sicher allgemein bekannt, daß die meisten

Mitglieder der umfangreichen Heidekrautfamilie *Ericaceae* Kalk nicht vertragen, was ein arges Problem ist für alle, die Rhododendron, Kamelien, Azaleen, Kalmien, Lavendelheide, Torfmyrte, Blaubeere und die Mehrzahl der verschiedenen Heidekrautsorten pflanzen möchten; obwohl es in dieser großen Familie auch einige umgängliche Mitglieder gibt, zum Beispiel *Rhododendron hirsutum* und *Rhododendron racemosum* oder *Erica carnea.*

Niemand muß also gänzlich verzweifeln. Doch mein erster Rat an alle, die Pflanzen haben wollen, die auf unpassendem Boden nicht gerade gut gedeihen, lautet: Lassen Sie es. Es ist viel besser, sich auf die Gewächse zu beschränken, die sich im Boden in Ihrem Garten wohl fühlen, und auf die anderen zu verzichten. Ich weiß, daß viele das nicht gern hören und daß allerlei Verlockungen damit erledigt sind, aber ich bin sicher, daß ich recht habe. Es hat keinen Zweck, Pflanzen Lebensumstände aufzwingen zu wollen, die sie nicht mögen: Sie lassen sich das einfach nicht gefallen, es sei denn, Sie sind reich genug, um in Ihrem Garten Umgrabungsarbeiten von den Ausmaßen eines Steinbruchs durchzuführen. Mein zweiter Rat wäre: Stellen Sie zuerst fest, wie Ihr Boden genau beschaffen ist. Es gibt verschiedene Methoden, wie ein Amateur sich davon ein Bild machen kann, aber mehr als eine grobe Schätzung kommt dabei nicht heraus. Besser, Sie bitten einen Chemiker um Rat. Jede Gartenbauschule und jeder Gartenbauberater kann die nötigen Untersuchungen durchführen. Wenn der Test alkalischen oder neutralen Boden ergibt, wunderbar. Ist der Boden kalkhaltig, werden Sie nach einem System sorgfältiger Eliminierung vorgehen müssen. Es gibt eine geheimnisvolle Formel namens pH-Skala: pH 5 und 6 sind ganz und gar säurehaltig und für jeglichen Anbau geeignet, pH 7 ist neutral, alles über pH 7 ist alkalisch oder kalkhaltig und sollte deshalb mit Mißtrauen betrachtet werden.

Ich hoffe, daß mein Artikel über die Schwierigkeit, kalkhassende Pflanzen in kalkreichem Boden anzubauen, bei den Lesern nicht Panik und Verzweiflung ausgelöst hat. Sicher, viele müssen wohl auf das Pflanzen so manchen Lieblings verzichten, doch andererseits gibt es zwei breite Kategorien, bei denen wir uns keine Gedanken zu machen brauchen. Unter diese Kategorien fallen Pflanzen, die Kalk verlangen, wenn sie ihr Bestes geben sollen, und Pflanzen, die zumindest nichts gegen Kalk einzuwenden haben. Was die erste Gruppe betrifft, so brauchen wir nur an unsere einheimische Flora zu denken, wie wir sie aus kalkreichen Gegenden kennen: an den wunderschönen Spindelstrauch, der die Hecken mit seinen seltsamen dreieckigen Früchten ziert, an den wilden Schneeball, an die Vogelbeere mit ihrem puren Gold, an Ginster, an kriechenden Thymian, Glockenblumen, Sonnenröschen, Skabiose, Steinkraut und die heute seltene Küchenschelle *Pulsatilla vulgaris*. Diese und andere legen die Annahme nahe, daß ihre Gartenverwandtschaft begeistert sein wird, wenn wir ihr ein kalkhaltiges Zuhause anbieten.

Die zweite Gruppe ist sogar noch größer. Zu ihr gehört die große Anzahl von Pflanzen, die mit oder ohne Kalk gleichermaßen gedeihen. Die riesige Familie der *Rosaceae* (Rosengewächse) bringt uns schon sehr weit. Manche Lilien (aber nicht alle) sind absolut tolerant; einigen wie *Lilium henryi* mißfällt der Säuregehalt von Torf sogar. Fast alle krautartigen Pflanzen verhalten sich tolerant. Die meisten Irissorten sind einwandfrei kalkfreundlich, wenn Ihnen dieses Wort gefällt. Bei Bäumen und Sträuchern wird die Liste so lang, daß ich lieber auf die im letzten Artikel angeführten Kalkhasser verweise: Greifen Sie getrost zu allem, was darin nicht erwähnt wird; zu allem, meine ich, was der Durchschnittsgärtner normalerweise gerne pflanzt.

Einige Steinpflanzen sollten vorsichtig behandelt werden, was auch für manche Primeln und Mohnsorten gilt. Der wunderschöne blaue Scheinmohn, *Meconopsis betonicifolia*, mag schwammigen säurehaltigen Torf- und Humusboden und sollte deshalb Kalkbewohnern nicht empfohlen werden. Natürlich läßt sich einiges ermöglichen, wenn wir große Nischen ausheben und sie mit einer passenderen Bodenmischung füllen, aber Kalk ist ungeheuer zäh und scheint früher oder später doch irgendwann zurückzukehren, selbst ein starker Regenguß kann ihn an Stellen spülen, wo er nicht erwünscht ist, und vielleicht habe ich jetzt genug gesagt, um zu zeigen, daß es eine reiche Auswahl gibt und daß niemand entmutigt oder enttäuscht sein muß.

Die roten Blätter sind jetzt fast alle verschwunden. Der *Liquidambar* hat noch einige wenige rotgrüne, sie klammern sich an ihm fest, als wären sie angeleimt. In seiner Heimat in den östlichen Vereinigten Staaten muß dieser Baum einen umwerfenden Anblick bieten, denn dort kann er eine Höhe von bis zu fünfzig Metern erreichen. Er sieht bestimmt aus wie eine riesige Fackel, die wir löschen sollten, damit sie nicht den ganzen Wald anzündet. Er wurde schon 1683 nach England gebracht, hat hier aber niemals eine vergleichbare Höhe erlangen können. Wir können ihn als eine Art Aufsrufezeichen hinter das sterbende Lebewohl des Herbstes pflanzen, denn er wächst aufrecht und spitz zulaufend wie eine Pappel.

Seine Blätter lassen sich leicht mit Ahornblättern verwechseln, aber das wäre falsch. Ich mag den Japanischen Fächerahorn *Acer palmatum* nicht besonders gern, wir sehen ihn oft, aber wir sehen ihn nur selten von seiner besten Seite. Es gibt jedoch einen chinesischen Ahorn, der mir sehr lieb ist, einerseits wegen seiner wunderschönen orange-braunen Rinde, andererseits wegen seiner dauerhaften Herbstfarbe. Ich spreche von *Acer griseum*, der über fünfzehn Meter hoch werden kann und der schon in seiner Jugend einen sehr hübschen kleinen Baum ergibt, wie ein Baum in einem Märchen, leicht und elegant und bronze wie die Partyschuhe unserer Kindheit.

Ich pflanze beide an und bin schon längst mit ihnen vertraut, aber ich muß zugeben, daß die rote Zwergvogelbeere mir fremd war, bis mir kürzlich jemand einen Zweig mitbrachte. Sie lodert rot wie eine Kirsche. Ich glaube, sie sollte in einer Gruppe von vielleicht einem halben Dutzend gepflanzt werden, denn sie ergibt nur einen kleinen buschigen Strauch von höchstens einem Meter achtzig, und ein einzelnes Exemplar würde ihr vielleicht keine Gerechtigkeit widerfahren lassen. Natürlich ist der Haken an all diesen Bäumen und Sträuchern, die gepflanzt werden, um Farbe in den Herbstgarten zu bringen, daß sie sich mit den Bäumen der Wälder oder Hecken der Umgebung vermischen, in Rivalität zu Buche, Wilder Kirsche, Eberesche und sogar den Eichen, wenn sie aber in einer ausgewählten Ecke konzentriert auftreten, dann wird es immer so aussehen, als seien sie ganz bewußt dort hingesetzt worden.

Es gibt drei Sorten von Zwergvogelbeeren, alle angeblich mit schöner Färbung, ihre botanischen Namen sind *Aronia arbutifolia*, die Sorte, die ich gesehen habe, A. *melanocarpa*, die schwarze Vogelbeere mit weißen Blüten und schwärzlichen Früchten, und A. *prunifolia*.

Wenn ich von der Menge der Briefe ausgehen darf, die ich erhalten habe, dann scheint mein Vorschlag, Alpenerdbeeren zu pflanzen, bei den Lesern des *Observers* großes Interesse erweckt zu haben: Ich möchte deshalb heute eine Empfehlung für den winterharten Wein hinzufügen. Ich habe ihn schon in einem früheren Artikel erwähnt, damals jedoch als Mauerbedecker und nicht als Obst, weshalb ich auf seine geschmacklichen Qualitäten nicht weiter hingewiesen habe. Es scheint nicht allgemein bekannt zu sein, daß es in unseren südlichen Grafschaften früher durchaus Weinberge gab, deren Trauben reiften und zu Wein verarbeitet wurden; und was einmal möglich war, wäre auch wieder möglich.

Die Weinproduktion ist heute allerdings von zweifelhaftem Wert, da Weinherstellung Zucker bedeutet; aber zweifellos könnten Weinsorten, die kleine, süße Fruchtdolden liefern, an Südwänden gezogen werden und durchaus Ertrag bringen. Es gibt verschiedene Sorten, die alle in einem normalen englischen Sommer zur Reife gelangen würden. Zu denen, die ich empfehlen möchte, gehören, genau in dieser Rangfolge, *Royal Muscadine*, *Muskateller*, *Golden Drop*, *Dutch Sweetwater*. *Royal Muscadine* erscheint mir als die mit Abstand beste, aber *Muskateller* kann sich fast mit ihm messen.

Royal Muscadine hat noch dazu eine romantische Geschichte. Diese Traubensorte wurde im Cahors von Heinrich von Navarra entdeckt, der gerade unterwegs nach Paris war, um sich als Heinrich IV. krönen zu lassen. Er brachte sie vom Cahors nach Fontainebleau, wo sie den Namen *Chasselas de Fontainebleau* (*Vitis vinifera Chasselas blanc*) erhielt. Es sind Chasselas-Trauben, das bedeutet ganz normale kleine grünliche Trauben von der Sorte, die wir massenhaft in Gemüseläden in Frankreich und Italien sehen. Trotz ihres reichlichen Vorkommens schmecken sie – wenn Sie die Geduld haben –, Traube für Traube ebensogut, als wenn Sie sich – zu ungeduldig – eine Handvoll davon auf einmal in den Mund stopfen. Es lohnt sich, sie in unseren südlichen Grafschaften an einer warmen Wand zu ziehen, denn dann können Sie im August und September eine Dolde auf Ihren Frühstückstisch legen.

Die winterharten Weine eignen sich auch zur Herstellung von Essig. An sich können Sie jede Weinsorte dafür nehmen, aber wenn Sie echten Rotweinessig wünschen, dann sollten Sie *Vitis vinifera Brant* pflanzen. Diese Sorte hat eine dunkle, fast schwarze Traube, aus der Sie Essig machen können, indem Sie die Trauben in einem hölzernen Zuber zerquetschen, sie dort zehn Tage oder zwei Wochen gären lassen und den Saft dann in Flaschen füllen. Verkorken Sie diese Flaschen nicht, sondern stopfen sie ein Stück Papier hinein, um Staub und Fliegen abzuhalten.

Feigen und Pfirsiche reifen in Südengland auch viel besser, als bisweilen angenommen wird. Sie brauchen durchaus nicht als Luxusfrüchte betrachtet zu werden. Die Feigensorten *Brown Turkey* und *Brunswick*, an einer Mauer gepflanzt, sind besonders zu empfehlen.

Vielleicht gibt es ja Leser, die meine Vorliebe für Bäume mit sich abschälender Rinde teilen. Ich muß zugeben, daß es eine außergewöhnliche Vorliebe ist. Ich muß auch zugeben, daß Sie wirklich einen ziemlich großen Garten brauchen, um Platz genug für ein oder zwei Exemplare zu haben, die Sie in eine vernachlässigte Ecke stellen, wo sie dann im Laufe der Jahre immer größer werden. Dies ist also ein Artikel für wenige, nicht für die große Masse.

Ich mag die Schäl-Bäume, deren Rinde sich wie beim Hobeln in Striemen ablöst. Eine Baumart heißt *Arbutus menziesii* (Erdbeerbaum), ihre zimtbraunen Ringe lösen sich von allein, und Sie können Sie dann mit den Händen zu etwas glätten, das sich wie seltsam olivgrünes Sandpapier anfühlt. Diese Baumart zieht geschützte Ecken vor, denn sie ist nicht gänzlich winterhart. Es gibt auch *Acer griseum*, den Papierrindenahorn, dessen mahagonibraune Rinde von unten her durch helleres Orange ersetzt wird. Im Herbst trägt dieser Ahorn leuchtendrote Blätter. Er hat überhaupt eine der schönsten Oktober-November-Farben. *Betula albo-sinensis* var. *septentrionalis* ist eine Birke mit wunderschönem weißgrauem Stamm; leider finde ich sie in keinem Katalog, habe aber die Hoffnung noch nicht aufgegeben. Sie ist meiner Ansicht nach einer der schönsten Bäume überhaupt, obwohl *Betula platyphylla* var. *japonica* noch dazu im Frühling entzückende Kätzchen hat. Auch diese scheint nicht lieferbar zu sein.

Prunus serrula, manchmal auch unter der Bezeichnung

P. serrula tibetica angeboten, ist ein beeindruckender Baum mit glänzender mahagonifarbener Rinde. Sie sieht nicht so mitgenommen aus wie manche andere, sondern löst ihre oberste Rindenschicht in runden Streifen ab, und das hinterläßt auf dem Stamm jedes Jahr neue Kerben, so daß er aussieht, als trüge er viele Armreifen. Die frische Oberfläche darunter ist rötlich und glänzend und erinnert an die französische Politur, die manchmal für schöne alte Möbel verwendet wird.

Und wo ich nun schon über ein Thema geschrieben habe, das nicht von allgemeinem Interesse ist, wie ich fürchte, möchte ich doch noch eine Bermerkung über Christrosen oder Nieswurz (*Helleborus*) anfügen, die derzeit ihre ersten rundlichen Knopsen zeigen. Angeblich erhalten wir einen langen Stiel, wenn wir die Mitte der Pflanze mit Sand bedecken, so daß die Stengel sich einen Weg nach oben suchen müssen, um ans Licht zu gelangen. Ich habe diese Methode noch nie ausprobiert, aber sie klingt plausibel. Gleichzeitig sollte eine Glocke über die Wurzeln gestülpt werden, um die Blüten vor Regen und Schlamm zu schützen.

In diesem Herbst ist alles außergewöhnlich weit fortgeschritten, der Winterjasmin entwickelt sich in hohem Tempo, und Sie sollten auf die fetten Knospen der im Herbst blühenden Kirsche achten, die sich in einem warmen Zimmer innerhalb weniger Tage öffnen werden. Sogar die Schnecken denken schon über die frühreifen Knospen der Winteriris nach.

Vom gärtnerischen Standpunkt aus gesehen haben die Bewohner der südlichen Teile unserer Insel gegenüber denen des Nordens einige unleugbare Vorteile. Das Klima im Süden ist milder, eine Tatsache, die zweifellos ihre Auswirkungen auf die Pflanzen hat, die in Katalogen mit dem unheilverkündenden Sternchen versehen sind, das bedeutet: »Nur für milde Gegenden geeignet«. Doch die Bewohner des Nordens brauchen nicht zu verzweifeln; auch sie sind manchmal im Vorteil, denn manche Dinge wachsen dort oben einfach besser. Denken wir doch an *Tropaeolum speciosum*, die flammenfarbene Kapuzinerkresse, mit ihren leuchtenden roten Trompeten zwischen kleinen dunklen Blättern. Sie ist die Krönung der schottischen Gärten, während sie sich im Süden nur selten wohl fühlt, nicht einmal auf der kühlen Nordseite einer Hecke. Außerdem gibt es den Stengellosen Enzian *Gentiana sino-ornata*, der im Süden, in einem kalkfreien Beet auf fast reiner Lauberde, ebenfalls gedeiht, der sich für den kühleren Norden aber noch besser eignet. Für die immer kürzer werdenden Herbsttage gibt es nur wenige schönere Pflanzen; niedrige, leuchtende Trompeten von klarem Blau, die in aller Eile dicke Wurzelballen bilden, die auseinander gepflückt und ausgepflanzt oder verschenkt werden können. Auch bunte Primeln und *Polianthes* scheinen ein kühleres Klima vorzuziehen; und viele der altmodischen gefüllten Primeln sind jetzt so selten, daß sie nur noch bei schottischen Züchtern erhältlich sind.

Kapuzinerkresse, Enzian und Primeln sind Pflanzen für

jede Geldbörse, wer aber noch ein paar Shilling dazu ausgeben kann, sollte sie in die wunderbare Riesenlilie *Cardiocrinum giganteum* investieren. Sie wird über drei Meter hoch und hebt ihre mit schweren weißen Trompeten behangenen, stark duftenden Zweige gen Himmel. Schon ein einziger Zweig versorgt als Schnittblume ein Zimmer mit einem so starken Duft, daß die meisten ihn kaum noch erträglich finden.

Diese Lilien sind recht teuer, vor allem, wenn wir drei Jahre alte Zwiebeln haben wollen, also Zwiebeln von blühfähiger Größe, aber sie machen sich letztlich doch bezahlt. Sie können natürlich auch zu einem wesentlich geringeren Preis jüngere Zwiebeln kaufen und sie selber ziehen; außerdem liefert eine ausgewachsene Zwiebel (die nach dem Blühen abstirbt) eine Menge kleiner Zwiebeln, die Sie in ein Beet pflanzen können, um dann nach drei Jahren zehn, zwölf oder eine ganze Gruppe neuer Pflanzen zu erhalten. Graben Sie sie im Oktober oder November zum Teilen und Neupflanzen aus. Danach brauchen Sie nie mehr darauf zu verzichten. Sie mögen Halbschatten, eine reiche Mischung aus Lauberde und Lehm, wenn möglich auch Dünger, und Sie sollten sie so tief setzen, wie ihre Wurzeln reichen, und sie mit Farn oder anderen Blättern bedecken, um ihre Spitzen vor den Frösten des Frühlings zu beschützen.

Als ich kürzlich im Ausland unterwegs war, sah ich zwei Heckenbäume, einen in Frankreich und einen in Spanien. Ich fand sie verwirrend. Ihre Blätter wiesen auf *Sorbus* hin, uns eher vertraut als Eberesche oder Vogelbeere, aber ihre Fruchtdolden sahen ganz anders aus, als ich sie je bei einem Sorbus gesehen hatte. In Frankreich waren es winzige rote Äpfel, in Spanien winzige braune Birnen. Ich hätte wirklich imstande sein müssen, sie zu identifizieren, aber man kann doch nicht alles wissen, und am Ende stellte sich dann heraus, daß ich mich doch nicht ganz geirrt hatte. Es handelte sich um *Sorbus domestica*, und ich freute mich über die Auskunft, daß dieser überaus dekorative Baum, obwohl heimisch in Mittel- und Südeuropa, in Großbritannien ebenfalls manchmal anzutreffen ist; er erreicht eine Höhe von über zwanzig Metern und das respektable Alter von fünf- bis sechshundert Jahren.

Weniger ermutigend fand ich die Tatsache, daß er aus Samen gezogen werden sollte, denn bei Bäumen ist das doch ein sehr langsames Verfahren. Anscheinend besagt eine alte Theorie, daß Sorbusbäume aus Samen gezogen werden möchten, denn John Evelyn spottet im 17. Jahrhundert über die Redensart, »der Säer sieht niemals die Früchte seiner Arbeit«, und behauptet, er selbst habe armlange Setzlinge gepflanzt, aus denen sehr schnell Bäume geworden seien. Evelyn sprach aber nicht über die echte Eberesche, wie ich sie auf meiner Reise gesehen habe, sondern über die wilde, *Sorbus torminalis* (Elsbeere), die wir auch hierzulande bisweilen sehen; sie ist im Herbst, wenn sie sich rotgolden verfärbt, ein grandioser Anblick. Evelyn kannte *Sorbus domestica* offenbar nicht, und das ist seltsam, denn zu seinen Lebzeiten stand bereits ein uraltes Exemplar im Wyre Forest in Worcestershire; vermutlich hörte er zu spät davon, um es in seinem Werk *Sylva* noch zu erwähnen.

Ich werde versuchen, *Sorbus domestica* aus Samen zu ziehen, in der Hoffnung, daß meine Urgroßenkel es mir danken werden, ansonsten möchte ich zu *Sorbus hupehensis* raten, der als junger Baum verkauft wird und durch seine schöne Herbstfarbe und seine leichtrosa Früchte besticht, die später perlweiß werden. Dieser Baum ist vor nicht allzu langer Zeit, um 1910, glaube ich, aus China gebracht worden und in unseren Gärten noch nicht häufig zu sehen. Er bietet eine schöne Abwechslung von der üblichen rotbeerigen Eberesche, die auf Heidehügeln so schön zur Geltung kommt, im Vorgarten jedoch traurig fehl am Platze wirkt.

In mehreren Briefen werde ich gefragt, was im Winter mit den Sinkkästen geschehen sollte. Und diese Frage liegt auch mir am Herzen. Diese entzückende Form der Gärtnerei en miniature wird vom Frost aufs höchste gefährdet, das war die bittere Lektion, die wir in den harten Tagen des letzten Januar lernen mußten. Wir erkannten damals, vielleicht zum ersten Mal nach einer Serie relativ milder Winter, daß achtzehn bis zwanzig Kältegrade den Boden im Kasten betonhart machen können. Und das überlebt keine Wurzel oder Zwiebel. Sie werden zu Tode gequetscht, zermatscht und gestoßen. Es hat auch keinen Zweck, sich mit ihnen anzulegen und sie darauf hinzuweisen, daß sie in ihrer Alpenheimat viel härtere Bedingungen und viel tiefere Temperaturen überleben mußten. Das stimmt zwar, aber wir vergessen leicht, daß Pflanzen in den Bergen über einen fast endlosen Wurzellauf verfügen, der sich in den Spalten des natürlichen Felsbodens so tief ausbreitet, wie es in diesem Boden für ihr Überleben nötig ist.

Wenn wir Alpenpflanzen in unsere Sinkkästen oder Tröge versetzen, zwingen wir ihnen ganz andere Bedingungen auf. Wir stecken sie in ein flaches, nur wenige Zentimeter tiefes Beet, wo sie nicht tief im Boden den Schutz und die Nahrung suchen können, die sie brauchen. Wie aber können wir unsere Kästen und Tröge vor dem Frost schützen, der sie im Moment in jeder kalten Nacht in Beton verwandeln kann?

Ich habe versucht, mir eine vernünftige Lösung zu überlegen. Der gesunde Menschenverstand ist ja zumeist gar nicht schlecht, und in diesem Fall rät er, den Kasten in Stroh oder Farn einzupacken, den wir um die Ecken legen und mit dickem Bindfaden befestigen. (Hier im Hopfenland Kent benutzen wir Hopfenschnur, sie ist grob, zäh und preiswert; sie sieht zwar nicht besonders elegant aus, aber zu allen vorübergehenden Zwecken ist sie hervorragend geeignet.) Danach würde ich die Erde zur Zeit der ärgsten Fröste mit Farn bedecken, der bei mildem Wetter oder Regen entfernt wird, um nicht Licht und Luft auszusperren, die alle Pflanzen ebenso brauchen wie Kinder Liebe.

Ich hoffe, das ist eine Lösung.

Die gemeine Buddleie, *Buddleia davidii*, ist als Busch nicht so befriedigend, wie zu erwarten wäre. Ihr Charme liegt vor allem in ihrer Fähigkeit, Insekten anzulocken, was ihr den Beinamen Schmetterlingsbusch eingetragen hat, zweifellos ein Fortschritt im Vergleich zu dem offiziellen Namen, der auf einen Pastor Adam Buddle aus dem 17. Jahrhundert zurückgeht. Manche Varianten übertreffen die Grundsorte zwar um einiges, zum Beispiel *Veitchiana* und *magnifica* und eine Hybride neueren Datums namens *davidii Royal Red*, aber im ganzen sind es doch wenig ansehnliche Pflanzen, hager, gerade wenn Sie sie im Frühling zurückschneiden, was Sie eigentlich tun sollten. Ich ziehe B. *fallowiana* oder B. *nivea* mit ihren weißen, wolligen Trieben absolut vor, oder B. *alternifolia*, von energischem Wuchs, aber elegant, ihre Blätter sind klein wie die einer Weide und hängen auch, wie bei Trauerweiden, fast bis auf den Boden; wenn die unteren Zweige entfernt werden, ist sie als Hochbäumchen zu verwenden. Sie ist vor nicht allzu langer Zeit, nämlich

1915, aus China eingeführt worden, was vielleicht erklärt, warum wir sie noch nicht oft sehen, obwohl sie sich aus Ablegern sehr leicht ziehen läßt, sehr schnell wächst und bereits in frühem Alter blüht.

Es gibt außerdem *B. globosa*, die Mengen von kleinen gelben Bällen produziert, ganz anders als die langen Quasten des Schmetterlingsbuschs und sehr nützlich als Kletterpflanze, wenn ein unansehnlicher Zaun oder Schuppen verkleidet werden soll. Und schließlich ist noch die wunderschöne *B. colvilei* zu erwähnen, rosenrot, doch leider nur in warmen Grafschaften wirklich zuverlässig.

Ich wollte aber eigentlich heute über die *asiatica* genannten Buddleien schreiben. Ehrlich gesagt, sehen sie nicht umwerfend aus. Man könnte ihre Farbe als grünliches Weiß bezeichnen, aber es wäre redlicher, von schmutzigem Weiß, fast schon Grau zu sprechen. Sie stammt aus Südafrika und ist als Busch im Freien nicht ganz winterhart, vor einer Mauer kann sie jedoch innerhalb weniger Jahre eine Höhe von über fünf Metern erreichen, und in meinem Garten in Kent hat sie sogar einen bitteren Winter überlebt. Sie sollte einen unauffälligen Standplatz bekommen, außer Sicht, bis man sie braucht, denn es wäre eine Schande, an ein so trübes Objekt einen guten Mauerplatz zu verschwenden. Bei mir steht sie im Küchengarten an der Ostwand eines alten Stalles. Das wirklich Wichtige an dieser Buddleie, die ich mit einem solchen augenfälligen Mangel an Begeisterung beschreibe, ist, daß sie im November blüht, wenn es an Blüten doch sehr mangelt, und daß sie nach Honig riecht. Der Duft allein lohnt die Anschaffung; wenn Sie sie in einer Vase in eine bescheidene Ecke stellen, dann werden alle, die das Zimmer betreten, sofort nach einer Schale mit Süßem Steinkraut suchen.

Der Erdbeerbaum (*Arbutus*) ist auf unseren Inseln nicht oft zu sehen, nur in Südwestirland wächst er wild; er ist ein attraktiver, immergrüner Baum von nicht übertriebener Größe und angenehmem Wesen. Die meisten Arbutus-Arten mögen keinen Kalk, schließlich gehören sie zur Familie der *Ericaceae*, wie das Heidekraut und der Rhododendron, doch kann der *Arbutus unedo* genannte in jeden einigermaßen brauchbaren Boden gepflanzt werden.

Zu seinen Qualitäten: Wie gesagt, er ist immergrün. Er ist zäh und holzig, deshalb übersteht er Seestürme. Er hat eine witzige, zottige, rötliche Rinde. Er kann freistehend als Strauch oder vor einer Wand stehen, was vielleicht seine Rinde besonders gut zur Geltung kommen läßt, vor allem, wenn Sie eine Stelle finden, an der er vom Sonnenuntergang angestrahlt wird, dann ähnelt er der Gemeinen Kiefer. Seine wachsartigen, rosa-weißen Blüten hängen wie Dolden aus kleinen Glocken zwischen den dunkelgrünen Blättern, sie sollten gepflückt werden, ehe der erste Novemberfrost sie bräunlich verfärbt; ein Nachteil, der

Arbutus unedo

sich bei Frostgefahr durch schnelles Pflücken beheben läßt. Sein meiner Ansicht nach größter Vorzug ist, daß er gleichzeitig Blüten und Früchte trägt, so daß die erdbeerähnlichen Beeren zwischen den bleichen Blüten hängen. Diese Beeren sind eßbar, aber ich würde sie nicht empfehlen. Plinius, der sie mit der echten Erdbeere verwechselte, führte das Wort *unedo* auf *unum edo* zurück, »ich esse eine«, um anzudeuten, daß man auf eine zweite keinen Appetit mehr hat.

Das waren die Qualitäten, doch es gibt auch einen Fehler: Er ist nicht robust genug für sehr kalte Grafschaften oder den Norden.

Es gibt einen weiteren *Arbutus* namens *menziesii*, er ist der edle kalifornische Menzies–Erdbeerbaum, der in seiner Heimat eine Höhe von über dreißig Metern erreicht. Ich glaube nicht, daß er das in England schaffen würde, obwohl ich zugeben muß, daß das Exemplar, das ich vor etwa fünfzehn Jahren hier in Kent gepflanzt habe, in beunruhigendem Tempo in die Höhe schießt und schon ein Fenster im Erdgeschoß verdunkelt; bald wird es den ersten Stock erreichen, und was soll ich dann machen? Es bis zum Dach wachsen lassen, nehme ich an, und dann noch weiter. Seine wunderschöne Rinde – mahagonifarben, bis sie sich abschält und ein ebenso wunderschönes Olivgrün freilegt – macht mir solche Freude, daß ich es niemals ertragen könnte, ihn zu fällen. Vielleicht könnte ein außergewöhnlich strenger Winter dieses Problem lösen, denn in den Katalogen ist dieser Baum mit dem warnenden Dolch versehen, was »empfindlich« bedeutet.

Es gibt außerdem noch *Arbutus andrachne* mit seiner typischen roten Rinde, doch auch er eignet sich nur für begünstigte Gegenden wie Süd- und Südwestengland, Teile von Wales sowie Nord- und Südwestirland. Eigentlich ist es sicherer, sich auf *Arbutus unedo* zu beschränken, der im Winter mit seinen grünen Blättern soviel Freude macht und im Herbst mit seinen wachsartigen Blüten und seinen scharlachroten Beeren so hübsch aussieht. Der Preis kommt auf die Größe an, und er ist in den meisten guten Baumschulen erhältlich.

Mein Wintergarten

Dezember

Jetzt haben wir also Dezember, den *Mid-winter-monath*, wie er auf Altsächsisch hieß, und wie schwer ist es, auch nur genug Blumen für einige Vasen zu erlangen. Die winterblühende Rosenkirsche, *Prunus subhirtella Autumnalis*, ist da eine große Hilfe. Ich habe in den letzten beiden Wochen immer wieder kleine Zweige abgeschnitten und sie in warmen Räumen ins Wasser gestellt, wo sich die grünen Knospen dann ganz überraschend zu den weißen, leicht duftenden Blüten öffnen, die den Frühling erwarten lassen. Die Rosenkirsche ist ein kleiner Baum, der eigentlich in jeden Garten gehört. Er braucht nicht viel Platz, und zwischen November und März kann man sich überreichlich seiner Zweige bedienen. Selbst wenn einige Knospen dem Frost zum Opfer fallen, scheint dieser tapfere kleine Bursche immer wieder neue liefern zu können.

Dann gibt es noch *Mahonia japonica*, einen stacheligen, berberitzenähnlichen Strauch mit spitzen zitronengelben Blüten, die wie Maiglöckchen riechen. Er ist keine übermäßig schöne Pflanze, keine, die wir wegen ihrer Schönheit anschaffen, uns geht es nur um die Blüten, die er uns zu dieser toten Jahreszeit schenkt, und deshalb würde ich raten, ihn in eine überzählige Ecke zu setzen, wenn möglich in den Schutz anderer Sträucher. Er gedeiht in jedem normal guten Boden und hat auch gegen ein wenig Schatten nichts einzuwenden. Vielleicht ist er Ihnen schon unter dem Namen *Berberis bealei* begegnet.

Beides sind Pflanzen, die im Freien und eigentlich in jedem Garten stehen können. Wer jedoch ein Gewächshaus hat, das gerade genug beheizt wird, um den Frost auszusperren, sollte sich den Frauenschuh *Cypripedium insigne* zulegen. Diese Orchidee ist als Topfpflanze wirklich zu empfehlen. In einer Vase halten die Blüten sich bis zu sechs Wochen, vielleicht nicht ganz so lange in einer rußigen Stadt, aber auf jeden Fall in sauberer Umgebung. Die Gattung ist grünlich mit brauner, aufgeblasener Lippe mit gelben Streifen, außerdem gibt es viele attraktive Hybriden in anderen Farben. Es ist eine äußerst pflegeleichte Pflanze, sie ist fast unverwüstlich, solange Sie sie nicht erfrieren lassen oder zu gießen vergessen. Sie muß alle drei bis vier Jahre umgetopft werden, nehmen Sie dazu einen Kompost aus der Gärtnerei.

Die Mode, Pflanzen im Haus zu ziehen, wächst so rasch wie einige der zu diesem Zweck empfohlenen Pflanzen. Das ist verständlich. Nur wenige unter uns haben heutzutage ein beheizbares Gewächshaus, deshalb müssen wir unsere warmen Zimmer und unsere sonnigen Fensterbänke nach Kräften nutzen. Voller Neid denken wir daran zurück, wie unsere Großmütter ihre Töpfe mit duftenden Geranien über Jahre hinweg am Leben erhielten, oder an ihren geliebten Topf mit Alpenveilchen, die eigentlich nach dem ersten oder zweiten Blühen auf den Müll gehört hätten. Ich frage mich oft, wieso unsere Großmütter das so erfolgreich durchhielten, obwohl ihnen all die Hilfsmittel und Werkzeuge und guten Ratschläge fehlten, mit denen wir heute geradezu überhäuft werden.

Ich selber bin allerdings keine große Freundin von Zimmerpflanzen. Ich ziehe Zwiebeln in Torf, das tun wir schließlich alle, und ich bin dankbar für ihre aufeinanderfolgenden Geschenke, die sie getreulich von Weihnachten an bis zu dem Zeitpunkt abliefern, wenn die ersten Blumen im Garten erscheinen. Ich möchte eigentlich keine Efeuranken um meine Bücherregale winden, wie unsere skandinavischen Freunde das in Norwegen und Schweden angeblich tun; das würde mich nur daran hindern, das Buch, in dem ich gerade lesen will, herauszunehmen.

Aber es gibt doch eine kleine Zimmerpflanze, die ich allen empfehlen würde, die sich ein wenig leuchtendes Grün in einem Topf oder einem hängenden Korb wünschen. Diese Pflanze wurde zu Ehren von John Tradescant, dem Gärtner Charles I., *Tradescantia* getauft. Sie ist auch als Dreimasterblume bekannt. Ich nehme an, daß sie ihren Namen dem heftigen Wachstum ihrer Wurzeln verdankt; jeder Knoten entwickelt neue, und wenn Sie einen Stengel einige Wochen ins Wasser legen, werden Sie daran bald weiße, wurmähnliche Wurzeln entdecken.

Es ist eine sehr hübsche Pflanze mit ihren grün-weißge-

Tradescantia x andersonia ›Karminglut‹

streiften Blättern, ich wünschte nur, ihre Liebhaber würden sie nicht »Trad« nennen. Diese Abkürzung ist genauso häßlich wie Daff für Osterglocken (Daffodils), Pollies für Polianthes, Rhodos für Rhododendron, Mums für Chrysanthemen oder Glads für Gladiolen. Die einzige Abkürzung, die mir gefällt, ist eine echt ländliche: Dandies für Löwenzahn (Dandelions). Aber diese Abkürzung stammt von einem Kind, nicht von einem Gärtner.

Ich habe mir oft überlegt, und ich glaube, ich habe es auch schon in dieser Kolumne erwähnt, daß es reizvoll sein müßte, einen Garten ganz allein mit der einheimischen Flora der britischen Inseln zu füllen. Wir müßten jedoch genau auswählen und Streuner und Invasoren vermeiden, außerdem müßten wir uns über die nötigen Bodenverhältnisse informieren; es wäre beispielsweise absurd, Heidekraut in die Nähe von kalkliebenden Pflanzen zu setzen oder die Bewohner von Marschboden zusammen mit Büscheln von Gras- oder anderen Nelken, die uns so munter und trocken aus Rissen in unseren Klippen zuwinken. Aber wir brauchen wirklich nur auf die grundlegendsten Unterschiede zu achten.

Kein leidenschaftlicher Bewahrer unserer wilden Blumen soll jetzt aber denken, ich riete dazu, Seltenheiten zu versetzen, die schon jetzt durch die Ausweitung von Ackerland oder durch die von wohlmeinenden, aber unwissenden Amateurbotanikern angerichteten Verwüstungen in ihrer Existenz bedroht sind. Nur über meine Leiche ... Aber es ist durchaus möglich, (1) Samen zu sammeln, (2) bei einem Gärtner Einzelexemplare zu kaufen. Auf diese Weise könnte sogar die ein oder andere Art vor dem Aussterben gerettet werden. Auch die Verpflanzung in besseren Boden könnte von Vorteil für sie sein und schönere Pflanzen ergeben. Beim himmelblauen Chicorée ist das beispielsweise der Fall.

In einem so kurzen Artikel kann ich allerdings nur auf einige wilde Blumen hinweisen, die sich auch für die Zucht im Garten eignen. Die erste Reaktion mancher Leser besteht nun sicher in dem Ausruf: »Wilde Blumen? Meinen Sie etwa Unkraut?« Aber gemach: Viele wilde Blumen können wir einfach nicht als Unkraut betrachten. Kaiserkrone, Osterglocke, kleines Maiglöckchen, die gelbe Tulpe *sylvestris*, Herbstkrokus, die weinrote *Daphne mezereum* (Seidelbast), verschiedene lila oder weiße Veilchen, grüne Christrose, Gladwyn Iris, goldene Trollblume, Sumpfdotterblume, Pfingstnelke, Süßdolde, diverse Glockenblumen, Sumpfvergißmeinnicht, Bibernellrose, manche Wolfsmilcharten, Schneeglöckchen und Märzenbecher. Und dabei fehlen noch die gesamte Primelfamilie und die Orchideen, die aber eine Verpflanzung vermutlich nicht überleben werden. Kaufen Sie sie bei einem Gärtner, wenn Sie nicht darauf verzichten wollen, aber graben Sie sie auf keinen Fall aus.

Im Vergleich mit der Pracht der Alpen, der Dolomiten,

der Pyrenäen oder des Libanons können wir nur eine bescheidene kleine Auswahl produzieren, aber vielleicht ist jetzt doch schon deutlich geworden, daß ein botanischer Urlaub zumindest ein Stück Garten füllen könnte, in sicherer Entfernung zu den auserleseneren blumigen Nachbarn. Dieses Stück Garten könnte bezaubernde Erinnerungen wecken: »Weißt du noch, wie wir den walisischen Mohn entdeckt haben?« – »Ich habe die Küchenschelle aber früher gesehen als du!«

Der für den Winter zum Schlafen gebrachte Garten bietet einen angenehmen Anblick. Braune Erddecken verhüllen die verborgenen Wurzeln. Auf dem Boden ist nichts zu sehen, doch in der Tiefe bereitet sich allerlei auf den Frühling vor. Ich glaube, es lohnt sich, blühenden Sträuchern eine dicke Schicht von alten Blättern zu verpassen, statt diese allesamt wegzuharken. Eine solche Schicht schützt die Sträucher einerseits vor Frost und wird auf die Dauer zu dem wertvollen Humus, den alle Pflanzen brauchen. Es gibt natürlich Blätter und Blätter, nicht alle verrotten gleich schnell. Eiche und Buche sind die besten, um einen großen, viereckigen Haufen Lauberde zu produzieren, aber eigentlich ist jedes Blatt während der nächsten Monate als Schutzschicht über Beeten und Rabatten geeignet.

Der professionelle Gärtner wird Einwände erheben. Er

wird uns erzählen, daß die Blätter bei jedem Wind »durch den ganzen Garten fliegen«. Das stimmt auch bis zu einem gewissen Punkt, aber wir können das verhindern, indem wir ein wenig Erde oder Sand auf die Blätter streuen. Manche Einwände lassen sich oft entkräften, wenn wir nur den gesunden Menschenverstand anwenden. Nur wenige Menschen sind so starrköpfig wie ein professioneller Gärtner, der gern in seinen Vorstellungen feststeckt.

November und Dezember bedeuten für Gärtner eine schwierige, leere Zeit. Wir müssen uns an die beerentragenden Pflanzen halten, von denen ich vor allem den selten verwendeten *Celastrus orbiculatus* empfehlen möchte, auch der Baumwürger genannt. Es handelt sich dabei um einen heftigen Kletterer, der sich um jeden wertlosen alten Apfel- oder Birnbaum, über ein Schuppendach oder überhaupt um alles windet, was wir für keinen anderen Zweck vorgesehen haben. Im Sommer ist er eine eher langweilige grüne Pflanze, dann fällt sie Ihnen vermutlich gar nicht weiter auf; in den Herbstmonaten Oktober und November dagegen zeigt sie ihre buttergelben Beeren, die sich sehr bald öffnen und ihre orangefarbenen Samen zeigen, bunt wie ein prächtiges Wappen, gülden und lohfarben. Im Haus macht diese Pflanze sich wunderbar an einem Spalier vor dunkler Holztäfelung, doch auch vor einer weißgetünchten Wand kommt sie hervorragend zur Geltung.

Sie windet sich mit Leidenschaft. Sie rollt sich zu Korkenziehern auf, die sich dann nicht mehr entwirren lassen, aber das spielt keine Rolle, denn sie braucht niemals beschnitten zu werden, es sei denn, Sie wollten sie unter Kontrolle halten. Ich mußte sie bisher nur einmal von einem Baum herunterholen, in dem sie zu energisch wuchs; es war ein junger *Prunus*, der ansonsten sehr bald erstickt wäre. Wenn wir sie am Fuße eines toten oder sterbenden alten Baumes pflanzen, klettert sie in kurzer Zeit hoch und hängt in perlenbesetzten Girlanden herunter, wie tausende von winzigen Herbstmonden, die in einer Frostnacht am östlichen Horizont aufsteigen.

In dieser bedeutenden Pflanzzeit im Jahr sollten wir auf jeden Fall an die vielen Nelken (*Dianthus*) denken, denn nur wenige Pflanzen sind bezaubernder, genügsamer oder traditioneller. In alten Küchengärten sahen wir oft lange Streifen von *Mrs. Sinkins*, die am Wegesrand wuchsen, und was könnte wünschenswerter sein als diese zerlumpte alte Dame, die der Luft ihren würzigen Duft gibt? Sie ist eine sehr alte Dame. Manche halten sie für nicht weniger als hundertvierzig Jahre alt, andere schätzen sie eher auf bloße achtzig und behaupten, sie stamme aus dem Garten eines Armenhauses in Slough. Wie immer die Wahrheit aussehen mag, *Mrs. Sinkins* ziert voller Stolz das Wappen der Gemeinde Slough, auf dem ein Schwanenschnabel sie fest im Griff hält.

Sie hat eine Tochter, *Miss Sinkins*, nicht so bekannt,

dafür aber ordentlicher und züchtiger in ihrem Auftreten, eine viktorianische alte Jungfer, die Sie in den Katalogen der meisten Gärtner wohl umsonst suchen würden. In dem ganzen Stapel von Katalogen auf meinem Tisch finde ich sie nur auf einer einzigen Liste, und der Gärtner, der sie anbietet, weist darauf hin, sein Vorrat sei klein, er hoffe jedoch für das nächste Jahr auf größere Ausbeute. Machen Sie sich aber keine Sorgen, andere Familienmitglieder gibt es in Hülle und Fülle. Unsere einheimische Pfingstnelke *Dianthus caesius* duftet fast ebenso aromatisch wie *Mrs. Sinkins* und ist ebenso pflegeleicht.

Das gilt übrigens für fast alle Nelkensorten. Sie stellen nur geringe Ansprüche. Sie alle lieben die Sonne und ziehen gut entwässerten und eher sandigen Boden vor; wenn Sie ihnen noch dazu eine großzügige Portion Kalk bieten können, werden sie so glücklich sein, wie das Jahr lang ist. Das heißt, daß sie lieber in Kalkboden, in alkalireicher Erde wachsen; aber sie bestehen nicht darauf; sie sind so bescheiden, daß sie sich mit allem abfinden, nur ganz und gar wäßrig darf der Standort nicht sein. Das hassen sie, und dann rächen Sie sich an Ihnen, indem sie einfach eingehen.

Ihr einziger anderer Fehler, ein höchst liebenswerter Fehler, der ein viel zu großzügiges Wesen verrät, ist, daß sie sich in Ihren Diensten zu Tode blühen. Darauf müssen Sie achten und die Blütenfülle hart auf die graugrünen Büschel zurückschneiden, um sie vor ihrer eigenen extravaganten Freigebigkeit zu schützen.

Plötzlich und unerwartet überwältigt uns der Frost. Wir sollten uns allerdings nicht überwältigen lassen, denn wir kennen unser Klima gut genug, um die Gefahren zu begrenzen, die zwischen Sonnenuntergang und Sonnenaufgang auf uns lauern. Aber wie viele Gärtner stellen sich dieser Drohung wirklich rechtzeitig? Wie viele bedecken ihre zarten Pflanzen, ehe es zu spät ist?

Ich halte es für richtig, die Stalltür zu schließen, ehe das Pferd entwischt ist.

Diese Bemerkungen beziehen sich vor allem auf die Behandlung von Pflanzen oder Sträuchern in großen Töpfen oder hölzernen Bottichen. Viele setzen Hortensien und Fuchsien in Bottiche und wissen nicht, was sie in den schrecklichen Monaten, die jetzt vor uns liegen, damit machen sollen. Der gesunde Menschenverstand rät uns, sie nicht zu gießen, denn Wasser würde aus der Erde einen betonharten Block machen. Viel sinnvoller ist es, die Töpfe mit Stroh oder Farn warm einzuwickeln, und wenn Ihre Töpfe nicht zu groß sind, stecken Sie sie bis an die Kante in ein Aschenbett. Das hält den Frost ab, denn eine Pflanze in einem Topf ist dem Frost natürlich viel hilfloser ausgeliefert als eine im Boden. Der Pflanze im Topf fehlt der Schutz, den das tiefe Erdreich in ihrer Nähe bietet, deshalb müssen wir ihr mit einem tiefen Aschenbeet zu Hilfe kommen.

Und was sollten wir sonst noch für unsere Topfpflanzen tun? Meistens werden sie verhätschelt und verwöhnt. Das Thema ist ein viel zu weites Feld für einen so kurzen Artikel, aber ganz allgemein würde ich folgendes raten:

Topfen Sie alle Pflanzen um, deren Töpfe zu eng geworden sind, was immer der Fall ist, wenn die Wurzeln aus dem Loch unten im Topf herauswachsen.

Wenn eine Pflanze nicht umgetopft werden muß, dann sollten Sie die oberste Erdschicht wegkratzen und neue Nahrung in Form von Kompost oder Knochenmehl verabreichen. Topfpflanzen erschöpfen die Erde, in der sie gepflanzt sind, und brauchen neue Nahrung. Sie können sich selber keine beschaffen und sind deshalb auf uns, ihre Besitzer, angewiesen. Wir tragen für diese wunderschönen Schöpfungen der Natur, die auf so hilflose und bemitleidendenswerte Weise unseren Wünschen unterstellt sind, eine große Verantwortung.

Ein recht attraktiver, holziger kleiner Strauch heißt *Callicarpa bodinieri* var. *giraldii*. Vielleicht ist er nicht schrecklich aufregend, aber er bietet doch eine Abwechslung zu den häufiger auftretenden Berberitzen und Cotoneastern und bringt im November und Dezember ein wenig Farbe. Außerdem macht er sich gut in einem Glas unter einer Elektrolampe. Seine Blüten, die sich früher im Jahr einstellen, sind unscheinbar; interessanter sind die tieflila Beeren, die dicht am Stamm in Dolden wie großgeratene Liebesperlen wachsen. Ich glaube nicht, daß sie für unsere kargen oder nördlichen Gebiete zäh genug sind, doch in einer sonnigen Ecke im Süden des Wash [Arm der Nordsee zwischen Norfolk und Lincolnshire], wie es in Wetterberichten heißt, müßten sie sich gut machen; in meinem Garten haben sie im letzten Winter achtzehn Grad unter Null heil überstanden.

Bei der Schönfrucht (*Callicarpa*) müssen wir jedoch auf eines achten: Sie ist eine der geselligen Pflanzen, die die Gesellschaft von ihresgleichen brauchen, deshalb sollten Sie mindestens zwei oder drei nebeneinander setzen, sonst müssen Sie auf die Beeren verzichten. Es geht hier nicht um männliche und weibliche Pflanzen, wie zum Beispiel beim Sanddorn, der nur in der Ehe seine orangefarbenen Früchte liefert; die Erklärung scheint ganz einfach die zu sein, daß die Schönfrucht eine unverbesserliche Partylöwin ist.

Das gilt natürlich für viele beerentragende Sträucher ebenso wie für viele Menschen.

Angeblich macht die Schönfrucht sich auch als Topfpflanze gut, dann wächst sie mit einem einzigen Stengel, an dem die Beeren sich noch dichter aneinanderdrängen. Aber auch hier brauchen Sie mehrere Töpfe, nicht bloß einen.

Ein weiterer kleiner Strauch, der im Moment sehr fröhlich aussieht, ist die Kronwicke *Coronilla valentina* ssp. *glauca*. In meiner Verwirrung habe ich ihn in einigen Büchern nachgeschlagen und dort erfahren, daß er eigentlich zwischen April und Juni blüht. Dagegen bin ich machtlos. Ich weiß nur, daß er in meinem und im Garten eines Nachbarn während des ganzen letzten Dezembers geblüht hat. Dieser Rekord scheint ihn als Winterblüher auszuweisen. Er wirft nicht jedes Jahr seine graugrünen Blätter ab, sondern behält sie und seine leuchtend gelben, wickenähnlichen Blätter auch während der dunklen Tage. Er ist ein netter, nützlicher und munterer kleiner Strauch, vielleicht nicht zäh genug für sehr kalte Gegenden, glücklich jedoch vor einer Hausmauer in einem engen Beet in Südwest-Kent, in Sussex oder noch weiter westlich.

Es gibt eine Variante dieses Strauchs, die ich jedoch noch nie gesehen habe, wie ich zugeben muß, und die ich deshalb nicht so einfach empfehlen kann. Sie heißt *Coronilla Emerus*, und ihre Beschreibung reizt mich. Sie trägt im Juni und Juli angeblich eine Fülle von gelben und kupferroten Blüten und gilt als pflegeleichter und frostresistenter als *Coronilla valentina*, ssp. *glauca*. Ich glaube, ich werde mir ein Exemplar bestellen und sehen, was dann passiert.

In Tausenden von Häusern und überall in Großbritannien werden jetzt die Zwiebeln, die im vergangenen September so liebe- und hoffnungsvoll in mit Torf gefüllte Schalen gesetzt wurden, aus ihrem dunklen Schrank oder dem Winkel unter der Treppe herausgeholt. Schon stehen die papierweißen Narzissen und die römische Hyazinthe in voller Blüte, und ein kleiner Topf kann ein ganzes Zimmer mit Duft füllen. Die normale Hyazinthe zeigt jetzt ihre dichten Trauben, sie ist eine unbeholfene Pflanze, finde ich, oben viel zu schwer, um als elegant oder schön durchgehen zu können, wegen ihres Duftes jedoch ist sie unverzichtbar.

Kurz darauf folgen die anderen Narzissen, die wir gesetzt haben. Ich halte mich Jahr für Jahr treu an den alten *King Alfred*, an *Winter Gold*, *Carlton*, *Fortune* und *Grand Soleil d'Or*, die jetzt unter dem Namen *Sally Door* die britische Staatsbürgerschaft erlangt hat. Dieses konservative Verhalten ist vielleicht nicht besonders waghalsig, aber in diesem Jahr habe ich immerhin, wenn auch recht spät, eine Schale mit der sehr zu empfehlenden *La Riante* hinzu genommen.

Es macht solchen Spaß, zuzusehen, wie die fetten bleichen Nasen sich aus dem schokoladenbraunen Boden drängen und sie mit Finger und Daumen leicht zu kneifen, um festzustellen, ob sich die Blütenknospe schon entwickelt, um sie schließlich langsam ans Licht zu bringen, nach dem sie sich inzwischen zweifellos schon sehnen. Obwohl wir sie natürlich am liebsten zur Eile antreiben würden, müssen wir sie für einige Tage mit einer Papierserviette bedecken, sonst werden sie zu schnell grün. (Krokusse können erst im letzten Moment gezwungen werden, sonst bleiben sie blütenlos; und die kleine *Iris reticulata* scheint zwar gewaltige Fortschritte zu machen, doch sie blüht erst, wenn das alte Jahr ins neue übergegangen ist. Eine Iris läßt sich ebenso wenig zwingen wie ein

Krokus, ist aber eine entzückende Topfblume, die wir später im Garten auspflanzen können, wo sie dann jedes Jahr neue kleine Kolonien bildet.) Das ist eine der vielen guten Seiten an der Angewohnheit, Zwiebeln für das Haus im Winter zu ziehen; auf die Dauer erwerben wir eine Sammlung ausgewählter Arten, die wir dann im Garten in allerlei ungenutzte Ecken setzen können. Obwohl es der allgemeinen Meinung widerspricht, stelle ich doch immer wieder fest, daß die meisten im ersten Jahr nach ihrer Vertreibung aus dem Topf im Freien zu ihrer normalen Zeit doch sehr bereitwillig blühen. Sie brauchen nicht zwei Winter, um den Schock dieser Vertreibung zu überwinden, und nach dem ersten Schrecken werden sie dann voller Dankbarkeit immer stärker.

Ein Artikel, in dem ich über das Ziehen von Erdbeeren in Kübeln oder Fässern schrieb, scheint bei den Lesern des *Observer* auf einiges Interesse gestoßen zu sein. Es scheint mir eine gute Idee für jene zu sein, die nur einen kleinen Garten haben. Sie vergeuden keinen Bodenplatz und können ihre Kübel an jeden gewünschten Ort stellen, neben die Haustür oder entlang des Gartenwegs. Inzwischen habe ich mir überlegt, daß sich dieses System auch auf alpine oder andere kleine Pflanzen anwenden lassen muß, die man auf die gleiche Art in Fässer setzt, die auf Taillenhöhe durchgesägt worden sind.

Warum nicht? Es ist nicht weiter schwer, diese Idee in die Tat umzusetzen. Sie kaufen sich im nächsten Laden ein Faß und bedecken den Boden mit einer dicken Schicht Tonscherben, nachdem Sie zuerst ein oder mehrere Löcher zur Entwässerung gebohrt haben. Dann füllen Sie das Faß mit Erde und pflanzen Ihre Schätze hinein. Mit welcher Art Boden das Faß gefüllt wird, hängt von den Schätzen ab, die darin gedeihen sollen. Alpine mögen ganz allgemein einen eher sandigen Boden, der ihnen die gute offene Entwässerung liefert, die sie am Faulen hindert. Stagnierende Feuchtigkeit ist hierzulande eine viel gefährlichere Feindin als Frost oder Dürre. Sie können sandigen Boden herstellen, indem Sie eine Schubkarrenladung durchlässigen Lehm aus der oberen Bodenschicht einer alten Wiese mit scharfen kleinen Steinen füllen, wie wir sie am Straßenrand in solch verlockenden Haufen finden. Leider gehören diese Steine jedoch den Bezirksbehörden. Wenn ich nicht so unheilbar ehrlich (oder vielleicht auch feige) wäre, dann könnte ich durchaus der Versuchung erliegen und im Schutze der Dunkelheit mit Eimer und Schaufel losziehen.

Flachwachsende Pflanzen wie Steinbrech machen sich gut in einem solchen Faß; sie gleichen einem runden, silbergrauen viktorianischen Nadelkissen, das im Frühling in winzige rosa Blüten ausbricht. Die Arten *Irvingii*, *Cranbourne*, *Jenkinsiae* sind alle sehr klein, dicht und hübsch. Aber Sie können für Ihr Faß auch größeren Ehrgeiz haben und auf halber Höhe etwas anderes pflanzen. Etwas, das seitlich wächst zum Beispiel, und das kleine Wasserfälle aus Blüten bringt, kleine Niagarafälle aus Schaum, wie der Steinbrech *Tumbling Waters* – seine Blütenrosetten hängen über vierzig Zentimeter herab, sie sind sehr schön und doch sehr zart. In die seitlichen Löcher des durchgesägten Fasses würde ich *Lewisien* setzen. Lewisien sind nicht allzu pflegeleicht, vielleicht ist das der Grund, warum wir sie nur so selten sehen; aber sie sind auf jeden Fall allen Gärtnern zu empfehlen, die vor einer Herausforderung nicht zurückschrecken. Ihre Blätterrosetten und ihre rosa oder cremefarbenen Blüten, die aus Chintz gemacht sein könnten, haben ein elegantes und altmodischen Aussehen. Sie sollten im Faß seitwärts gesetzt werden, sie wachsen nämlich sehr gern aus einer mörtellosen Mauer heraus. Wir dürfen aber nicht vergessen, daß sie Kalk nicht leiden können. Gestört werden wollen sie auch nicht, am besten ziehen wir sie deshalb aus Samen.

Darf ich meine Leser an die winterblühende Rosenkirsche erinnern, an *Prunus subhirtella Autumnalis?* Ich weiß, daß ich sie schon erwähnt habe, aber das ist lange her, und im Wechsel der Jahreszeiten erinnern wir uns vor allem an die Pflanzen, die wir voller Undank in den reichen Monaten des Frühlings und des Sommers vergessen.

Es gibt eine Variante dieser Kirsche namens *rosea*, ihre Blüten sind ganz leicht rosig angehaucht. Ich ziehe die

Hyacinthus orientalis ›Blue Jack‹

weiße vor, aber das ist schließlich Geschmackssache. Es gibt noch eine weitere winterblühende Zierkirsche, *Prunus serrulata Fudanzakura*, doch ich gebe zu, daß ich sie weder anpflanze noch kenne, und ich möchte nicht gern Pflanzen empfehlen, mit denen ich keine persönlichen Erfahrungen habe. Doch der Rat von Captain Collingwood Ingram, des »Kirsch-Ingram«, berühmt für seine japanischen Kirschen, ist gut genug für mich und sollte das für alle sein. Auch diese Kirsche hat rosa Knospen, die sich zu weißen Einzelblüten öffnen, wir können sie jederzeit zwischen November und April im Garten bewundern oder sie zur Zierde unserer Wohnungen in Vasen stellen. Ein so umgänglicher Besuch aus dem Fernen Osten sollte in unseren Gärten doch willkommen sein.

Übrigens, ich nehme doch an, daß alle, die in den trübsten Monaten Blumen im Haus haben wollen, die abgeschnittenen Zweige, wie die der winterblühenden Kirschen, in fast kochendheißes Wasser tunken? Das finden sie, salopp gesprochen, einfach toll.

Habe ich je, wenn von frühblühenden Sträuchern die Rede war, *Corylopsis pauciflora* erwähnt, die Scheinhasel? Ich glaube schon, aber es kann ja nichts schaden, noch einmal daran zu erinnern. Es handelt sich um einen kleinen Busch, der höchstens einen Meter fünfzig hoch und breit wird und an dessen blattlosen Zweigen von März bis April elegante gelbe Blüten hängen, er ist so hübsch, daß er wirklich ein Schatz ist. Das läßt sich auch für *Corylopsis spicata* sagen, der allerdings höher wird, bis zu einem

Meter achtzig, und der womöglich noch frostresistenter ist. An den Boden stellen beide keine besonderen Ansprüche, sie haben es jedoch gern ein wenig windgeschützt, zum Beispiel hinter anderen windbrechenden Sträuchern.

Spatzen ... sie picken die Knospen weg, deshalb sollten Sie Ihre Sträucher im Oktober oder November mit alten Obstnetzen bedecken. In diesem Jahr sind die Spatzen zum ersten Mal aus purer Bosheit über meinen Winterblüten-Strauch hergefallen, es ist eine den Vögeln eigene Art von jugendlichem Rowdytum, hören Sie also auf meinen Rat, und decken Sie die Knospen ab, ehe es zu spät ist.

Die Wochen zwischen dem 1. Dezember und dem 1. Januar sind vermutlich die allerschwierigsten für alle Gärtner, die um Blumen für das Haus gebeten werden. So ein armer Gärtner soll eine Folge von Sträußen und Zweigen liefern, die die Zimmer freundlicher machen, vor allem zu Weihnachten. Seine Chrysanthemen sind jetzt verblüht, und das ist nur gut so, wenn sie von der zottigen Variante waren, deren Blüte so groß ist wie das Gesicht eines englischen Schäferhundes. Die viel hübscheren koreanischen Chrysanthemen sind schon längst hinüber, falls wir sie nicht unter Glas ziehen können. Unser geplagter Gärtner muß deshalb auf die im Herbst blühende Kirsche, auf den Winterjasmin, auf *Viburnum fragrans*, den

Duftschneeball, auf den beerentragenden Cotoneaster und auf die wächsernen Blütentrauben und die roten Früchte des *Arbutus unedo* (Erdbeerbaum) zurückgreifen, wenn er in weiser Voraussicht vor Jahren einen in seinem Garten gepflanzt hat. Ansonsten wird er nicht viel finden, falls nicht einige verstreute Winteriris aus ihren unordentlichen Blättern lugen.

Der besorgte Gärtner genießt mein tiefstes Mitgefühl, da ich doch selber eine besorgte Gärtnerin bin, deren Haus nach Blumen schreit, während ich keine habe. Der gute Tip für diesen Fall lautet: *Helleborus niger*, die Christrose. Falls Sie einen alten Wurzelklumpen im Garten haben, sollten Sie Teile davon ausgraben und in tiefe Töpfe setzen; bedecken sie jeden mit einem umgestülpten Topf, stellen Sie sie für einige Wochen an eine dunkle Stelle, und warten Sie ab, was passiert. Sie werden feststellen, daß die Stiele länger werden, während die Blüten so weiß und rein sind, wie das im Freien niemals möglich wäre, nicht einmal im Schutz einer Glocke.

Ich weiß, Sie werden jetzt sagen, daß Christrosen nicht gestört werden wollen. Sie gehören zu den Pflanzen, von denen das kolportiert wird, aber ich bin nicht so sicher, ob sie das wirklich verdient haben. Wenn Sie Ihren Wurzelklumpen mit genügend Erde ausgraben, dann wird er sich widerspruchslos neu pflanzen lassen. Vielleicht liefert er im ersten Jahr nicht gerade Bestleistungen, weshalb es ratsam ist, die getopften Pflanzen nach und nach wieder im Freien anzusiedeln.

Das Beschneiden der wunderbar duftenden Winterblüte *Chimonanthus fragrans* macht mir seit vielen Jahren Sorgen, und ich nehme an, das geht auch anderen Amateurgärtnern so, die klug genug waren, sich diesen Strauch anzuschaffen. Die Ratschläge der Fachleute scheinen in der Praxis nicht zu funktionieren. Alle sind sich darüber einig, daß eine im Freien stehende Winterblüte überhaupt nicht beschnitten werden muß, aber da wir sie zumeist eine Mauer hochwachsen lassen, sollten wir uns anhören, was einige Autoritäten dazu zu sagen haben:

Beschneiden Sie die blühenden Triebe kurz nach dem Blühen so dicht am Hauptstiel wie nötig, das stärkt die neuen Zweige des Sommers, an denen im Winter die Blüten sitzen werden. – W. Arnold Forster, *Shrubs for the Milder Counties*.

Bei Mauerpflanzen sollten nach dem Blühen die älteren Triebe beschnitten werden, das tut den neuen gut. – Patrick Synge, *Flowers in Winter*.

Sie sollten sofort nach dem Blühen beschnitten werden; abgeblühte Triebe sollten glatt abgeschnitten werden, um die Entwicklung von neuem Holz anzuregen, aus denen im Winter die Blüten erwachsen. – A. W. Darnell, *Winter Blossoms from the Outdoor Garden*.

Und dann haben wir noch den großen Mr. Bean in eigener Person, dessen dreibändiges Werk *Trees and Shrubs Hardy in the British Isles* als Bibel aller Baum- und Strauchliebhaber gilt; und Mr. Bean rät uns, das Beschneiden nicht viel länger als bis zum Februar aufzuschieben, damit die neuen Triebe Zeit genug haben, um sich zu entwikkeln – und davon hängt schließlich die winterliche Ausbeute an Blüten ab.

Ich habe mich ganz brav an alle diese Ratschläge gehalten, die eigentlich allesamt vorschlagen, im Februar alles bis auf das alte Holz zurückzuschneiden. Ich habe gehorsam alle abgeblühten Triebe weggeschnitten, und was war die Folge? Ich erhielt lange junge Triebe von bester Gesundheit, die aber nicht die kleinste Blüte zu verheißen schienen. Das waren die jungen Triebe, die mir im Winter Blüten bringen sollten. Aber meine Beobachtungen lassen mich jetzt annehmen, daß diese jungen Triebe nicht in diesem Januar blühen werden, sondern erst im nächsten. Die Lösung liegt also darin, zwei Büsche zu setzen, die abwechselnd blühen, in diesem Jahr der eine, im nächsten der andere.

Wie angenehm ist es doch, mitten im Winter plötzlich an den Sommer erinnert zu werden! Eigentlich mag ich keine Schmeißfliegen, aber als ich zur völlig falschen Jahreszeit eine auf meiner Fensterbank brummen hörte, erinnerte sie mich mit diesem halb schläfrigen, halb aktiven, schweren Geräusch an Bienen, das für mich einfach den Sommer ausmacht. Eine solche Kleinigkeit kann uns mit sich reißen, ob es sich nun um einen Klang, einen Geruch oder eine Berührung handelt. Ich hörte meiner

Schmeißfliege zu, vergaß den Nebel, der eiskalt aus dem Tal aufstieg, öffnete ein nettes Büchlein, das mir unter anderem von den Gartenpflanzen erzählte, die die Bienen am meisten lieben, und sofort sagte der Kalender nichts mehr vom Dezember.

Das nette Büchlein stammt von einer sehr tapferen Dame, die sich ganze Hände voll von Bienen in die Strümpfe steckt, um die Wirkung der Stiche auf ihren Rheumatismus zu testen. Sie ist außerdem eine erfahrene Imkerin, die über eine eigene Immenallee oder eine ganze Folge von Bienenstöcken verfügt und deren Rat wir deshalb nicht ignorieren sollten. Ich fand es interessant, daß sie treu und brav die entzückende gelbweiße kleine Einjährige Sumpfblume *Limnanthes douglasii* ganz oben auf ihre Liste setzt, die im März oder April dort gesät werden sollte, wo sie später auch blühen soll, am besten an einer sonnigen Stelle, die sich als Einfassung oder als Bodenbedeckung eignet. Sie hält sich zu Recht sehr eng an den bekannten Entwurf eines Bienengartens, den die verstorbene Miss Eleanor Sinclair Rohde uns hinterlassen hat, und empfiehlt außerdem Ochsenzunge, Gänsekresse, Blaukissen, Zitronenminze, Vergißmeinnicht, Krokus, Traubenhyazinthen, Steinklee, Majoran, Resede, Astern, Katzenminze, Salbei, Thymian und Goldlack. An Sträuchern rät sie zu Rosmarin, Lavendel, Cotoneaster, Berberitze und Malven und natürlich auch zu Heidekraut, wenn Sie das Glück haben, in einer Heidegegend zu wohnen. An Bäumen erwähnt sie die selbstverständlichen Arten wie alle Obstbäume, Linde, Weiß- und Rotdorn und Bergahorn.

Ich selber hasse Bienen, ein Stich reicht, um mich fast eine Woche lang unter Qualen ans Bett zu fesseln. Aber ich muß doch zugeben, daß ich eine Art romantische Liebe zu dieser selbstgenügsamen Welt aus kleinen Lebewesen hege, die ihr ganz eigenes Leben führen und trotzdem davon abhängig sind, was wir für sie anpflanzen. Wir können nicht alle weite Kleefelder anlegen, und wir können es auch nicht mit dem Honig vom Berg Hymettus in Griechenland aufnehmen, des besten Honigs sämtlicher Welten, noch besser als der Heidehonig aus dem schottischen Hochland.

Weihnachten rückt näher, und vielleicht sollte ich über Misteln und Stechpalmen schreiben, aber ich möchte lieber an den Sommer zurückdenken und einige seiner warmen Freuden zum Leben erwecken. Der November war einfach scheußlich, das Wetter ließ wirklich nichts aus: Frost, Schnee, Regen, Überschwemmung, Stürme; aber noch während dieser unangenehmen Wochen bestand eine kleine Kletterpflanze darauf weiterzublühen, und ich möchte hiermit meine Dankbarkeit zum Ausdruck bringen. Sie hatte schon Anfang Mai zu blühen begonnen und am 1. Dezember noch immer nicht damit aufgehört.

Die Rede ist von *Abutilon megapotamicum*, der Schönmalve. Dieser scheinbar beunruhigende Name verweist ganz einfach auf ein arabisches Wort, das mit Malven zu tun hat, einer botanischen Familie, zu der auch die uns vertraute Stockrose gehört. Mit *Megapotanicum*, »der große Fluß«, ist der brasilianische Amazonas gemeint.

Abutilon megapotanicum hat keinerlei Ähnlichkeit mit den Stockrosen, die wir aus Cottage-Gärten kennen. Er möchte an einer sonnigen Südwand wachsen dürfen; und wenn Sie zufällig eine weißgetünchte oder eine Mauer aus grauen Steinen haben, zeigt er sich besonders vorteilhaft. Er hat lange, spitze Blätter und eine seltsam geformte Blüte, dunkelrot und gelb, ein wenig wie die der Fuchsien, sie hängt an biegsamen, eleganten Zweigen. Er ist ziemlich empfindlich und mag keine Minusgrade, im Winter sollten Sie ihn also einwickeln. Aber vielleicht wissen Sie das alles ja schon.

Ich wollte hier eine Idee zur Sprache bringen, auf die ich ganz zufällig gekommen bin, wie das im Garten ja bisweilen passiert. Ich überlegte mir, wie hübsch sich *Abutilon* als Hochstämmchen machen würde. Er könnte seine Zweige dann nach unten hängen lassen, wie eine Trauerweide oder -kirsche, wenn Sie eine Stütze geben und alle seitlichen Ausläufer kurzhalten und zurückschneiden, bis Sie einen dicken, runden Kopf erhalten, der wie ein Springbrunnen während des ganzen Sommers seine roten und gelben Blüten hinaussprudeln läßt.

Gefällt Ihnen die Idee? Ich habe sie noch nicht ausprobiert, aber versuchen werde ich es auf jeden Fall. Wer allerdings ein Gewächshaus hat, so klein und unbeheizt es auch sein mag, kann einen kleinen *Abutilon* in einem großen Blumentopf durchaus bis in den Winter hinein am Blühen erhalten und zu Weihnachten ins Haus holen.

Da dieser Artikel unmittelbar vor Weihnachten erscheint, möchte ich über das für diese Zeit unangemessenste Thema schreiben, das mir überhaupt nur einfällt: über Rosen. Bis Weihnachten kann es ja noch schneien, und der bloße Gedanke an eine Rose wird uns dann erwärmen. Außerdem lassen Rosen sich jederzeit zwischen Dezember und März pflanzen, es ist also nicht zu spät, exzessive Bestellungen auf alle Pflanzengeschenkscheine aufzugeben, die Sie eventuell unter Ihren Weihnachtsgeschenken finden.

Es gibt solche und solche Rosen. Mein Rosengeschmack wird vielleicht nicht von allen geteilt, und ich fürchte, daß ich zu oft versucht habe, ihn den Lesern des *Observer* aufzudrängen. Ich weiß, daß ich einen Hang zu den großen wilden, strauchartigen Rosen habe, die sich überall breitmachen, statt mich an die kleinen adretten, harten, dichten und geizigen Zwerge zu halten, die wir Teehybriden nennen.

Was ich von den Teehybriden halten soll, weiß ich einfach nicht. Ich bin hin und hergerissen. Gut, sie sind schön, sie sind nützlich, ich kann sie den ganzen Sommer hindurch und bis in den Herbst hinein pflücken. Ich kann noch im Dezember Schalen mit ihnen füllen, und dann entwickeln sie sogar bisweilen eine Blüte von lebhafterer Färbung und süßerem Duft. Aber aus irgendeinem Grund rühren sie nicht an mein Herz. Trotz allem habe ich in der Ecke des Küchengartens ein Dutzend gepflanzt, vor allem zum Schneiden. Und zwar *Ena Harkness*, *Ophelia*, *Etoile d'Hollande*, *Charles Mallerin*, *Christopher Stone*, *Lady Sylvia*, Mrs. *Van Rossem*, *Emma Wright*, *Crimson Glory*, Mrs. *Sam* McGredy, *The Doctor*, McGredy's *Sunset*. Ich hoffe, sie werden nicht vom Mehltau befallen, aber ich nehme an, es wird sich nicht vermeiden lassen.

Unter Fachleuten herrschen geteilte Meinungen darüber, wie mit dieser Plage umzugehen ist, die in schlimmen Fällen zu vollständiger Entlaubung führt und die Pflanze zerstört, da sie nicht mehr durch ihre Blätter atmen kann. Manche Rosenzüchter empfehlen eine dicke Schutzdecke aus frischgemähtem Rasen, aus altem Torf und Moos-Gemisch oder sogar aus Sägemehl. Noch andere setzen ihr Vertrauen in reichhaltige Ernährung, da eine gesunde, wohlgenährte Pflanze einer Infektion besser widerstehen kann. Ich muß zugeben, daß ich mit dieser Methode gute Erfahrungen gemacht habe. Es hört sich vielleicht unwissenschaftlich an, schließlich haben wir es mit einem Pilz zu tun, und eigentlich sollten Pilze zwischen starken und schwachen Pflanzen keine Unterschiede machen; aber ich

Abutilon megapotamicum

bin keine wissenschaftliche Gärtnerin und kann nur von meinen Ergebnissen ausgehen. Die Folge von zwei Karrenladungen Kompost war: Zwei Sommer hindurch keinerlei Krankheitsfälle bei einigen besonders empfindlichen Rosen, nicht einmal in dem feuchten Sommer, den wir in diesem Jahr durchleiden mußten.

Ich habe schon einmal auf das maiglöckchenduftende, winterblühende Berberitzengewächs hingewiesen, das heute als *Mahonia japonica* bekannt ist. Es ist ein sehr empfehlenswerter Strauch, der keine großen Ansprüche an den Boden stellt. Er mag Lehmboden, hat aber nichts gegen einen gewissen Kalkanteil einzuwenden. Was er wirklich verabscheut, ist kalter Wind aus Norden oder Osten, und wer hätte dafür kein Verständnis? Vor uns liegen die entsetzlichen Monate, in denen Nord- und Ostwind uns wie mit Messern durchschneiden, wenn wir zittern und schaudern und nie sicher sind, ob wir uns nicht erkältet haben. Wir können ins Haus gehen und uns aufwärmen, unsere Pflanzen dagegen müssen im Kalten verharren und ihr Bestes tun, um für uns durchzuhalten. Wir sollten ihnen dankbar sein, und ich bin der maiglöckchenduftenden Mahonie dankbar, die einige Minusgrade erträgt und mir im Januar oder Februar ihre gelben Blütentrauben schenkt. Die Entdeckung dieser Pflanze auf den Chushaninseln im Jahre 1848 war damals sicher ein großes Erlebnis für den Pflanzensammler Robert Fortune. Und jetzt sehen wir seine Entdeckung überall in unseren Gärten.

Sie hat den großen Vorteil, eine immergrüne Pflanze zu sein. Ihr Nachteil ist, daß sie sich nur ungern verpflanzen läßt. Das heißt, Sie müssen sie von einem fähigen Gärtner beziehen, der sie mit genügend Erdreich um die Wurzeln auf die Reise schickt, so daß sie kaum bemerkt, daß sie ausgegraben worden ist; wenn sie sich an ihrem neuen Wohnort wohl fühlt, wird sie sich jedes Jahr mit neuen duftenden Blütendolden bei Ihnen dafür bedanken, die Sie sich ins Haus holen können.

Darf ich nun noch allen ein gesegnetes Weihnachtsfest wünschen?

Heute, am zweiten Weihnachtstag, dürfen wir anfangen, uns auf das nächste große, glückliche Kirchenfest zu freuen, auf Ostern. Wir wissen, daß die Abende langsam länger werden und daß jetzt der Augenblick gekommen ist, um die Kataloge hervorzuholen und Bestellungen aufzugeben.

Wir müssen nach vorn schauen, aber auch zurück. Wenn wir zurückblicken, fällt uns vermutlich eine häßliche kahle Stelle ein, die sich seit November in unseren Gärten aufgetan hat. Die normalen koreanischen Chrysanthemen haben sehr gut gehalten und noch nach dem ersten Frost neue Blüten entwickelt; sie sind wirklich unbezahlbare Pflanzen, denen die Grobheit der Gewächshausungeheuer gänzlich fehlt (ich weiß, daß ich mir mit dieser Bemerkung Ärger einhandeln werde). Es gibt sie inzwischen in einer reichen Auswahl an hinreißenden Farben, in staubigem Rosa, in Farnbraun, in Ziegelrot, in Maisgelb, in Portweinrot und vielen anderen Tönen, die Sie in Gärtnereikatalogen aufgezählt finden. Jetzt sollten Sie für den Frühling bestellen, falls Sie nicht schon welche haben, die Sie vermehren möchten. In diesem Fall können Sie jederzeit bis in den März hinein Ableger von den Wurzeln nehmen und sie in sandigem Boden in Töpfe oder Kästen stecken. Sie wurzeln bereitwilliger, wenn Sie sie in ein Gewächshaus mit einer Temperatur zwischen 4 und 7° unterbringen können.

Ich wollte noch erwähnen, daß eine spätblühende Abteilung der Koreaner uns über die schwierigen Wochen des späten Novembers und Dezembers hinweghelfen kann. Sie blühen am längsten, wenn sie nicht im Freien, sondern in Töpfen oder Kästen in einem unbeheizten Gewächshaus untergebracht sind und dann im Haus als Schnittblumen dienen, also genau das, was wir uns um diese Jahreszeit wünschen. Es gibt fünf verschiedene Sorten: *Crimson Bride*, *Lilac Time*, *Primrose Fairweather*, *Red Letter Day* und *Wedding Day*. Wie der Name schon andeutet, so ist *Wedding Day* weiß und gilt als erste weiße koreanische Chrysantheme, die überhaupt auf den Markt gekommen ist.

Es gibt eine weitere koreanische Gruppe, genannt

Zwerg- oder Kissenkoreaner. Sie werden kaum jemals größer als fünfzig Zentimeter und sind damit ideale Pflanzen für Rabatten oder windige Stellen. Vom August bis in den November hinein blühen sie bereitwillig, je nachdem, welche Variante Sie nehmen, und sie weisen dieselbe wunderschöne Farbskala auf wie ihre größeren Cousinen.

Bestellen Sie Ihre koreanischen Pflanzen jetzt, dann werden sie im Frühling geliefert. Sie werden winzig und zart aussehen, aber bis zum Ende des Sommers wachsen sie zu großen Blumen heran.

Jetzt, wo niemand an harte Arbeit im Freien denken mag, scheint mir der richtige Moment gekommen zu sein, um die Herausforderung eines Herrn aus Staffordshire anzunehmen, der mich bittet, etwas zur Verteidigung der faulen Gärtner zu schreiben.

Sein Brief ist sehr witzig, er ist absolut unvertretbar und enthält doch mehrere Körnchen Wahrheit. Er mühe sich nicht ab, teilt dieser Herr mit, freue sich jedoch sehr über seinen vernachlässigten Garten. Wenn er über seinen ungemähten Rasen geht, färben die Pollen der Butterblumen seine Hosen gelb. Durch sein Fenster sieht er voller Verwunderung, daß ein einziges Samentütchen so viele Ringelblumen ergibt. Er hat weder Zeit noch Energie, um seine Kletterrosen zu beschneiden, aber er ist glücklich darüber, daß sie weiterhin blühen wie die Wilden. Seine wenigen winterharten Pflanzen, die ein Vormieter ihm hinterlassen hat, genießt er ganz einfach. Er rechnet einfach nicht damit, daß irgend etwas wächst, und er freut sich, wenn es doch der Fall ist.

Ich schnappte zuerst nach Luft, weil diese Haltung nun wirklich nicht meiner Einstellung zur Gärtnerei entspricht, aber bei genauerem Nachdenken ging mir dann auf, daß er eben doch nicht ganz unrecht hat. Es stimmt bis zu einem gewissen Punkt, daß der faule Gärtner Zeit, Frieden und Muße hat, um seinen Garten zu betrachten, während der aktive Gärtner nur seine Arbeit sieht und gar nicht zum Genießen kommt. Es stimmt auch, was der Herr jedoch nur andeutet, daß man auch die Ordnung übertreiben kann. Niemand sieht gern Nesseln, Ampfer oder Zwergholunder, aber eine gewisse Unordnung unter den Blumen ist einer zu strengen Reglementierung zweifellos vorzuziehen. Sie an Stöcken zu befestigen muß zum Beispiel mit erlesenem Taktgefühl geschehen; wir wollen keine großen Astern als aufgeweichte Masse auf dem Boden liegen sehen, aber sie sollen auch nicht an ihren Schandpfahl gebunden werden wie eine Hexe auf dem Scheiterhaufen. Was Gras betrifft, so übertrifft nichts die Schönheit einer gepflegten Rasenfläche, aber wenn eine solche Fläche nicht sehr weitläufig angelegt werden kann, dann sehe ich darauf gern einige Gänseblümchen – allerdings bitte keinen Wegerich oder Löwenzahn.

Mein fauler Gärtner hat trotzdem die lobenswerte Angewohnheit, an Winterabenden Gartenbücher zu lesen, auch wenn er durchaus nicht vorhat, ihre guten Ratschläge in die Praxis umzusetzen.

Warum wurde es als golden bezeichnet, und warum als Zweig, dieses graugrüne, mit winzigen Monden gesprenkelte Büschel? Offenbar, weil es golden wird, wenn Sie es lange genug aufbewahren, doch da wir hierzulande Misteln normalerweise mit den anderen Weihnachtsdekorationen aus dem Haus schaffen, hat ein solches Büschel nie Gelegenheit, diese andere Art von Schönheit zu entwickeln.

Für Shakespeare waren Misteln Unglücksbotinnen, doch wie alle wissen, verfügen sie auch über höchst nützliche Eigenschaften, wenn sie richtig behandelt werden. Sie können Blitz und Donnerschläge abwenden, schützen vor Magie und Hexerei, können Feuer löschen; sie können vergrabenes Gold finden, sie heilen Geschwüre und Epilepsie, sie fördern die Fruchtbarkeit von Frau und Vieh. Doch bei falscher Behandlung können sie auch Grauenhaftes anrichten. Sie könnten uns sogar den Tod bringen, wie das Baldur, dem Gott des Lichtes, widerfuhr, dessen Mutter von der Mistel nicht den Eid verlangte, ihrem Sohn nichts zu tun, denn die Mistel war ihr zum Schwören noch zu jung vorgekommen.

Es kommt also ganz offensichtlich darauf an, so schnell

und so gründlich wie möglich den richtigen Umgang mit Misteln zu erlernen.

Sie dürfen sie niemals mit Eisen schneiden, sondern immer nur mit Gold. Misteln dürfen niemals den Erdboden berühren, sie müssen mit einem weißen Tuch aufgefangen werden. Das ist nicht weiter schwer, jedenfalls im Vergleich zur ersten Bedingung, denn die meisten Menschen verfügen über irgendeine Art von weißem Tuch, ein Laken oder ein großes Taschentuch, doch nur die wenigsten unter uns nennen eine goldene Sichel oder auch nur ein Messer mit einer Klinge aus purem Gold ihr eigen. Niemals dürfen Misteln in eine Vase gestellt werden, sie müssen immer befestigt werden, und nach jedem Weihnachtskuß muß der Mann eine Frucht abpflücken – übrigens keine Beere, auch wenn sie so aussieht –; wenn alle Früchte gepflückt sind, ist auch die Magie des Kusses verflogen.

Ammenmärchen? Es wäre ein gar zu kühner Versuch, so alte und weit verbreitete Vorstellungen wegdiskutieren zu wollen, die wir vom Fernsten Osten über Europa bis nach Afrika überall antreffen. Diese Überlieferungen, die in allen Ländern und allen Jahrhunderten als gleichermaßen geheimnisvoll und magisch gelten, können wir in Sir James Frazers Monumentalwerk nachlesen, das die Mistel, diese seltsame Parasitin, in seinem Titel *Der goldene Zweig* ehrt.

Ich möchte mich nun aber auf einige botanische Tatsachen konzentrieren, die Sir James Frazer nicht erwähnt,

Viscum album

und versuchen, einige weitverbreitete Mißverständnisse über das Wesen der Mistel zu korrigieren.

Wir halten sie für eine Parasitin, aber das trifft nicht ganz zu, eigentlich ist sie nur eine Semi-Parasitin, die nicht ganz und gar von ihrem Wirt abhängig ist, sondern die aus ihren eigenen Blättern auch dem Wirt Nahrung gibt. Sie gehört zu einer außergewöhnlichen Familie, den *Loranthaceae*, die aus über fünfhundert Mitgliedern besteht, von denen nur eins ein einheimischer Brite ist – *Viscum album*, der lateinische Name für unsere englische Mistel.

Die uns bekannte Mistel wächst an manchen Bäumen und an manchen nicht. Unser schlimmster Fehler ist die Vorstellung, daß sie Eichen bevorzugt. Dort ist sie nur selten anzutreffen, weshalb die Druiden vor allem die von Eichen getragenen Misteln schätzten, sie waren selten und damit von besonderem Wert. Die Mistel zieht weichrindige Bäume vor: Apfel, Esche, Weißdorn, Birke, Pappel, Weide, Ahorn, schottische Kiefer, Bergahorn, Linde, Zeder. Wir finden sie nur selten an Birnen, Erlen oder Buchen, am seltensten aber wächst sie an Eichen.

Ein weiteres verbreitetes Mißverständnis bezieht sich auf die Vermehrung dieser seltsamen Pflanze. Oft wird angenommen, Vögel trügen ihre Samen weiter. Das ist aber nur die halbe Wahrheit. In Wirklichkeit kommt es zu einem dieser außergewöhnlich komplizierten Arrangements, die die Natur zu bevorzugen scheint: Der Vogel (zumeist die Misteldrossel) pickt die weiße Frucht ab, um an den Samen in ihrem Inneren zu gelangen, doch die klebrige Masse um die Samenkörner gefällt ihm nicht, deshalb wischt er sich den Schnabel ab, so, wie wir unsere schmutzigen Schuhe an einer Fußmatte abwischen. Auf diese Weise reibt er Samen in die Risse der Rinde, wo sie dann keimen oder auch nicht.

Das waren einige wenige Sagen und Tatsachen über diese seltsamen und übermütigen Zweige, die wir zum Weihnachtsfest irgendwo in unserem Haus aufhängen.

Ich besuchte die Weihnachtsparty eines Nachbarn, dessen Familie seit Generationen als Züchter bekannt ist und sich auf fast feudale Weise an ihren Familientraditionen orientiert. Sein Taufname, äußerst passend zu dieser Jahreszeit, ist Noël. Alles, was zu einer Cocktailparty gehört, war auf den Tischen vorhanden; mein Blick aber fiel sofort auf einen Topf mit Alpenveilchen, wie ich seit Jahren keine mehr gesehen hatte.

Diese zarten Blumen mit ihrem Duft, der an den von Waldveilchen erinnert, standen ganz für sich in einer Ecke und nahmen sich unter ihren viel auffälligeren Nachbarn so bescheiden und Jane-Austen-gleich aus. Sie waren von einer Frische und einer Unschuld, ein wenig jugendlich sahen sie aus, und sie schienen sich in der Gesellschaft von Orchideen, auserlesenen Azaleen und Gläsern voller Champagnercocktails ziemlich zu fürchten.

Es handelte sich um das kleine persische Alpenveilchen in Originalgröße, ehe es von Züchtern »veredelt« und zu seiner derzeitigen übermäßigen Größe aufgeblasen wurde. Darf ich hier einen Protest gegen die Mode, die Größe von Blumen zu übertreiben, einfügen? Größer bedeutet nicht immer besser. Diese gewaltigen Begonien, diese baumstammdicken Rittersporne, diese wischmopähnlichen Chrysanthemen, alles, was *giganteum* genannt wird – gefallen sie wirklich irgendwem, abgesehen natürlich von den Züchtern, denen sie Goldmedaillen einbringen?

Ach nein, dachte ich, als ich das kleine persische Alpenveilchen sah, weiß, mit rosa Kante, scheu, unaufdringlich, bescheiden; so liebe ich meine Blumen, nicht wie mit einem Blasebalg aufgebläht, meine Blumen sollen nicht nach dem Lob bewundernder Gaffer schreien!

Ich habe diese Blume in Persien noch nie wild wachsen sehen. Angeblich aber wächst sie auch noch auf Zypern und in Rhodos.

Ich wünschte, sie wäre leichter zu beziehen. Sie können in jedem Blumenladen große Alpenveilchen bekommen, und ich will auch kein Wort dagegen sagen. Um diese Jahreszeit sind sie eine große Hilfe, und wenn wir sie gut genug versorgen, dann sollten ihre Knollen viele Jahre überleben, sie erwachen im Juli oder August zum Leben und blühen dann vor Weihnachten noch einmal. Sie sind zwar schön, diese großen Weihnachtsgeschenk-Alpenveilchen, aber ihnen fehlt doch der Blaumeisen-, Zaunköniginnen-, Häschenohrencharakter der kleinen Persischen.

Es ist ein guter Zeitpunkt, um die Christrose zu erwähnen, *Helleborus niger*, im Niederländischen als Christkraut bezeichnet, da »es um die Geburt Unseres Herrn geblüht«. Ihre weißen Blüten zieren längst unsere Tische oder sollten das zumindest tun. Es gibt eine Variante namens *altifolius*, die aufgrund ihrer längeren Stiele angeblich vorzuziehen ist; doch sie wird oft durch ein etwas schmuddeliges Rosa entstellt, mir ist deshalb die reine, weiße lieber. Christrosen fühlen sich im Halbschatten in ziemlich feuchtem, reichem Boden wohl; sie haben nichts gegen Kalk, und sie wollen nicht gestört werden. Wenn Sie aber dennoch Wurzelklumpen umsetzen wollen, dann machen Sie das unmittelbar nach dem Blühen, was noch ein guter Grund ist, um sie jetzt zu erwähnen. Wenn sie noch alte, aktive Klumpen haben, dann sollten Sie ihnen im Februar eine nahrhafte Decke aus Kompost oder verrottetem Dung spendieren oder sie mit flüssigem Dünger gießen und sie im Sommer niemals austrocknen lassen. Ich brauche vielleicht nicht darauf hinzuweisen, daß sie durch eine Glocke beschützt werden sollten, wenn die Knospen sich öffnen, nicht, weil sie nicht winterfest wären, sondern weil die tiefwachsenden Blüten von Regen und Schlamm sonst besudelt und verdorben werden.

Die Christrose ist zwar keine Einheimische, aber sie ziert schon seit Jahrhunderten die britischen Gärten. Spenser erwähnt sie in seiner *Faerie Queene*, John Gerard beschreibt sie bereits 1508 in seinem *Herball*, wo er ein

Klistier mit Christrosen als heilsame Kur für »tolle und wüthende Mannsbilder« empfiehlt. Ein solcher Absud würde sich vielleicht auch heute noch sinnvoll einsetzen lassen! Vielleicht zitierte Gerard Epictet, der im ersten Jahrhundert n. Chr. erklärt: Je tiefer der Irre in seinen Irrsinn verstrickt sei, um so mehr Christrosen würden benötigt. Leider ist diese nützliche Pflanze nicht gerade billig, aber andererseits ist sie eine gute Investition, denn ich weiß aus eigener Erfahrung, daß sie fünfzig Jahre und mehr überleben und während dieser ganzen Zeit sogar noch stärker werden kann. Es ist möglich und auch nicht sehr schwer, sie von Samen zu ziehen, aber wenn Sie das wollen, dann sollten Sie sich frischgereiften Samen besorgen, sonst sehen Sie nach zwölf Monaten noch immer keine Anzeichen von Keimung.

Ich mag alle Christrosensorten sehr und werde das Thema noch einmal aufgreifen, um mich unseren beiden einheimischen Sorten *H. viridis* und *H. foetidus* zu widmen.

Es mag seltsam anmuten, um diese Jahreszeit über Iris zu schreiben, über diese samtwarmen Blumen, die wir mit Juni verbinden – allein schon das Wort *Juni* erwärmt mich, wenn ich es hinschreibe. Draußen ist alles trüb; das Gras sieht verhungert und schmuddelig aus, das Winterwetter schmeichelt dem Garten ebensowenig wie dem menschlichen Gesicht. Wir alle sehen bedrückt und kältestarr aus. Aber die längste Nacht und der kürzeste Tag liegen seit dem 21. Dezember hinter uns, die dunkelsten Tage sind vorbei.

Zu meinen Iris-Überlegungen hat mich ein Exemplar des Jahrbuches der britischen Iris-Gesellschaft inspiriert. Ich nehme an, daß wir alle irgendwelche Iris anpflanzen, auch wenn wir weder Fachleute noch Experten sind. Die meisten Irissorten sind ungeheuer pflegeleichte Pflanzen, die sich manche Vernachlässigung gefallen lassen und die nur wenig mehr verlangen als einen Platz an der Sonne, was eine bescheidene Forderung ist. Einen solchen Platz hätten wir schließlich alle gern. Die Iriszüchter sollten alle der Iris-Gesellschaft beitreten, denn jedes Mitglied erhält das Iris-Jahrbuch gratis.

Ich habe schon häufiger über Iris geschrieben, aber die Arten *Oncocyclus*-Iris und *Regelia*-Iris habe ich wohl noch nicht erwähnt. Ich erwähne sie auch nur zögernd, denn sie sind nicht sehr leicht zu züchten, deshalb sind die folgenden Zeilen nur für Gärtner bestimmt, die zusätzliche Mühe, und zwar nicht wenig zusätzliche Mühe, auf sich nehmen wollen. Sie sollten sie wenn möglich in einem erhöhten Beet unter einer Südwand anpflanzen, in sehr sandigen, kalkhaltigem Boden, denn sie brauchen eine gute Entwässerung. Wenn Sie eine warme, geschützte Ecke unter einer Hausmauer haben, wo sie ein kleines, erhöhtes Beet einrichten und es mit dem passenden Boden füllen können, dann sollten Sie einige Wurzelstöcke von *Iris su-*

siana setzen, einer schwarz-weißen, sehr großen Blume, so phantastisch, daß wir unseren Augen nicht trauen. Sie wird als schwarz-weiß bezeichnet, aber in Wirklichkeit ist sie grau mit tieflila Adern, das sehen wir, wenn wir sie ins Licht halten. Und dann erinnern die Adern an eine anatomische Zeichnung, oder, poetischer ausgedrückt, an ein altes Bleiglasfenster.

Setzen sie auch einige Wurzelstöcke von *I. Charon* oder *I. hoogiana* oder *I. korolkowii*. Ich behaupte nicht, daß Sie mit vielen Blüten rechnen können, und warne Sie lieber gleich vor mancher Enttäuschung, aber der Stolz auf Ihre Erfolge wird das alles wieder ausgleichen. Denken Sie vor allem an folgendes: a) gute Entwässerung, b) genügend Sonne, c) im Sommer Feuchtigkeit vermeiden, indem Sie eine Glasscheibe über den schlafenden Wurzelstock legen. Diese Irissorten stammen aus Wüstengegenden, deshalb müssen wir versuchen, ihre angestammten Lebensbedingungen so weit wie möglich wieder herzustellen.

Januar

Wie kostbar sind uns doch die Blumen in der Mitte des Winters! Nicht die aus dem Gewächshaus, nicht einmal die auf künstliche Weise zum Blühen gebrachten Fliederdolden, die aus den Niederlanden stammen, wenn ich das richtig verstanden habe, sondern die wahren Kämpfer, die aus irgendeinem seltsamen Grund um diese Jahreszeit im Freien ihre Schönheit zeigen. Die Winterblüte entfaltet vor einer Mauer ihren gelben Seestern, und die verworrenen Bänder der Zaubernuß befreien sich von ihren blattlosen Zweigen. Diese beiden süßduftenden Winterblüher sollten doch ganz oben auf der Liste stehen, wenn die Pflanzengeschenkscheine eingelöst werden.

Garrya elliptica sehen wir nicht sehr oft, obwohl es hierzulande schon seit 1818 bekannt ist; es ist ein immergrüner, buschiger Strauch, der ab Dezember seine weichen, an die dreißig Zentimeter langen, graugrünen Kätzchen hängen läßt, wie Raupendolden zwischen seinen sehr dunklen Blättern. Manche finden sein Aussehen traurig, aber dieser Strauch bietet einen beeindruckenden Anblick, wenn wir nur geduldig genug warten. Er verlangt Geduld, denn er möchte nicht versetzt werden und muß deshalb sehr früh gepflanzt werden; außerdem brauchen Sie eine männliche Pflanze, sonst gibt es keine Kätzchen. Die weibliche

Pflanze liefert nur schwarze Früchte. Dieser Strauch fühlt sich vor einer Nordwand wohl, wo nur wenige andere Gewächse gedeihen, und deshalb kann er dort sicher in Ruhe heranwachsen, statt anderweitig benötigten Platz zu besetzen.

Ich wünschte, die bedingt winterharten Pflanzen würden sich weniger mühsam ziehen lassen, denn zu ihnen gehören einige der schönsten: Nemesien, Petunien, Zinnien, Portulak, Kapkörbchen, Venidio-Arctotis und andere Südafrikanerinnen, außerdem die Lobelien, die an der richtigen Stelle, wo sie aber leider nur selten anzutreffen sind, eine so wunderschöne Wirkung haben können. Die kurze und grelle Farbenpracht, die die bedingt Winterharten entfalten, belebt den Sommergarten, aber wenn Sie nicht die Möglichkeit haben, sie zunächst an einer warmen Stelle aufzubewahren, also in einem beheizten Gewächshaus, und danach die Muße, sie in Samenkästchen zu setzen, sie dann zum Abhärten in einen Rahmen zu pflanzen und sie schließlich immer wieder zu besuchen, während sie aufs Auspflanzen warten – nun, dann müssen Sie auf die bedingt Winterharten verzichten.

Natürlich können sie Mitte Mai sofort im Freien gesät werden, wenn es Sie nicht stört, daß sie dann um einiges später blühen.

Die winterfesten Einjährigen hingegen brauchen nicht

dermaßen verhätschelt zu werden. Sie können im März oder April gleich dort gesät werden, wo Sie sie behalten wollen; sie verlangen dann nur energisches, strenges Ausdünnen der Setzlinge, wenn sie durch die Erdkruste lugen. Das hört sich sehr einfach an, so, als könnten Sie einfach eine Tüte Samen kaufen und sie in Kreisen oder Furchen oder Vierecken säen und sie dann ihrem Schicksal überlassen. Glauben Sie das ja nicht! Jeder Setzling verlangt vom Setzenden Zuwendung, und für den Umgang mit winterharten Einjährigen möchte ich drei Kardinalregeln aufstellen. Erstens, lockern Sie den Boden zu einer leichten, krümeligen Erde auf, geben Sie, wenn nötig, Sand hinzu. Zweitens, säen Sie sehr weit auseinander. Drittens, dünnen Sie erbarmungslos aus, Einjährige brauchen Platz, wenn sie sich entwickeln sollen. Weitere Vorsichtsmaßnahmen, wie die Fernhaltung von Schnekken, können dem gesunden Menschenverstand überlassen werden, und daß die kleinen Pflanzen nicht austrocknen dürfen, ist auch selbstverständlich, außerdem eine Gefahr, die ihnen im April oder Mai kaum droht.

Farbige Blätter sind um diese Jahreszeit nützlich, sie lassen den Garten ein wenig interessanter aussehen, und wir können sie auch ins Haus holen. Die wappenförmigen Blätter der Elfenblume, *Epimedium*, von denen einige grün bleiben, während andere bronzebraun oder grünbraun werden, sehen zusammen mit weißen Christrosen sehr hübsch aus; außerdem machen sich Elfenblumen im Garten auch als flache Bodenbedeckung nützlich, die im

Halbschatten gut gedeiht. An den Boden stellen sie keine besonderen Ansprüche, Lehm mit einer Schaufel Torf ist ihnen besonders lieb. Ich habe außerdem festgestellt, daß die verbreitetste aller Mahonien, *Mahonia aquifolium*, die oft im Wald als Deckung für Fasane gepflanzt wird, sich im Moment wirklich bezahlt macht. Füllen Sie eine flache Schale mit ihren rötlichen, stacheligen Blättern, und stecken Sie alles dazwischen, was Sie gerade finden – vereinzelte Polianthes, einen Zweig Schneeball oder Zaubernuß, dann, etwas später, ein wenig gelben Eisenhut. Es ist eine Pflanze für rauhe Ecken, wo sie vergessen werden kann, bis sie gebraucht wird. Sie kann ziemlich viel Schatten vertragen und wächst deshalb so ungefähr überall.

Was wächst in Gartentrögen? Wir können darüber keine Gesetze erlassen, sondern nur Vorschläge machen. Sie wünschen sich vielleicht eine bunte Mischung, vielleicht möchten Sie sich auch an eine Familie halten, wie an die Steinbrechgewächse, die irgendwann eine dichte silbrige Matte bilden, zu allen Jahreszeiten schön, aber geradezu lieblich ist, wenn sie mit ihren winzigen rosa, gelben, weißen oder roten Blüten besetzt ist. Eine vollständige Liste aufzustellen ist unmöglich, deshalb rate ich, Ihre Wahl in einer Gärtnerei zu treffen, wo sie zumeist in kleinen Töpfen gezogen werden, die Sie zur Blütezeit mitnehmen und sofort auspflanzen können. Sie sollten daran denken, daß fast alle Steinbrechgewächse alkalischen Boden benötigen.

Die Fette Henne ist vielleicht die pflegeleichteste Bewohnerin unseres Gartentroges. Sie ist so gut wie unverwüstlich und könnte sich für ein am Garten interessiertes Kind eignen, das einen eigenen Kübel anlegen darf. Die symmetrischen Rosetten der Fetten Henne sind witzig und attraktiv.

Wenn Ihnen andererseits eine bunte Mischung lieber ist, die Ihnen durch Frühling und Sommer hindurch erhalten bleibt, bei der es immer etwas Neues zu sehen gibt, etwas, das immer einen neuen und frischen Anblick gibt, dann rate ich Ihnen abermals, sich in einer Gärtnerei umzusehen. Es gibt Dutzende von kleinen, zähen Geschöpfen, sie bilden Teppiche wie das Schleierkraut *Gypsophila repens* oder *Raoulia australis*, Büschel wie die kleine Grasnelke *Armeria caespitosa*, und einige der kleineren Federnelken und Veilchen. Sie haben die freie Auswahl, und vergessen Sie nicht, daß Sie überall kleine Zwiebeln dazwischen setzen können, die dann irgendwann zur Blüte kommen, wodurch die zur Verfügung stehende Fläche sich verdoppelt, ohne daß ihre Bewohner darunter Schaden leiden. Vor allem eignen sich die Zwiebeln von Krokus, Tulpen, Narzissen und Iris.

Ein solcher Garten im Garten macht sehr viel Freude. Wir können nach Herzenslust damit experimentieren und unserer Phantasie freien Lauf lassen. Mit ein bißchen Geld ist ein Kübel bepflanzt, und wenn eine Pflanze eingeht, ist sie leicht zu ersetzen. Der Einwand, daß das Geld auch für den Erwerb von Trog oder Sinkkasten reichen muß, ist allerdings korrekt; ein Trog aus Cotswolds-Stein kann leicht vier oder fünf Pfund kosten, und dann muß er auch noch transportiert werden. Aber jeder halbwegs geschickte Mensch kann aus alten Ziegeln oder allerlei Steinen vor der Hausmauer einen vielleicht einen Meter hohen Behälter bauen, und schon haben Sie Ihren Trog zum Experimentieren.

Noch ein guter Rat: Ich lasse zwischen der Hausmauer und dem Kübel ein bißchen Platz, sonst wird die Hausmauer auf die Dauer feucht.

Ach du meine Güte, das sage ich oft zu mir selber, wenn ich mich an meinen wöchentlichen Artikel setze, was schreibe ich doch nur für eine dünne Suppe – und dann schäme ich mich manchmal, weil ich nichts Nahrhafteres zu bieten habe. Ich wünschte, alle meine Artikel wären so reich und köstlich und von so prangender Pracht wie die Geschenke, die am heutigen Tag die Heiligen Drei Könige gebracht haben. Und bei einem so umfassenden Thema wie den Blumen einer ganzen weiten Welt sollte ich doch einen Wandteppich weben können, der dieser Schöpfung würdig ist.

Doch die Wahrheit ist, an diesem ersten Sonntag im Jahr denke ich nur an die düstere Konifere.

Manche mögen Koniferen. Ich mag sie nicht, wenn ich ehrlich sein soll. Das klingt vielleicht oberflächlich. Niemand kann so töricht sein, die weiten, dunklen, wohltätigen Arme von *Pinus insignis* nicht zu bewundern, die schottische Kiefer, deren Stamm den Sonnenuntergang einfängt; die italienische Zypresse oder das hohe Ausrufezeichen des *Libocedrus decurrens*, um nur einige zu erwähnen. Ich muß auch zugeben, daß Koniferen in einem Garten effektive Kontraste bilden und von architektonischem Wert sind, wenn sie an der richtigen Stelle stehen, aber dazu gehört ein großer Garten, und außerdem ein alter Garten, in dem sie während vieler Jahre zu würdevoller Reife gelangen durften. Ich wollte sagen, daß ich keine verstaubten, angerosteten Exemplare von sagen wir *Thuja* mag, die ohne Sinn und Zweck mitten auf einem Rasen stehen, obwohl der Rasen viel glücklicher aussähe, wenn man ihn friedvoll seiner selbst überlassen hätte.

Und ich weiß noch immer nicht, was ich von diesen kleinen, düsteren Obelisken halten soll, die manche Leute in ihrem Steingarten schätzen. Ich nehme an, es läßt sich manches zu Gunsten des Wacholders *Juniperus communis Compressa* sagen, der zu Lebzeiten seines Pflanzers kaum mehr als fünfzig Zentimeter hoch werden wird, aber erinnert er denn nicht doch zu sehr an die mit künstlichen Mitteln klein gehaltenen Bäume, die die Japaner so lieben? In Japan machen sie sich vielleicht gar nicht so schlecht, bei uns aber kommen sie mir fehl am Platze vor, schließlich sind wir Bäume gewohnt, die uns alle um einiges überragen.

Bäume sollten edel sein. Selbst der irische Wacholder *J. communis Hibernica* zeigt schon längst, ehe er seine volle Höhe von mehr als sechs Metern erreicht hat, in seiner schlanken Haltung jugendliche Würde. Überhaupt läßt sich über Wacholder manches Gute sagen, ob wir nun die schwärzlich-grauen oder die bläulich-grauen Sorten vorziehen, die in bestimmtem Licht graugrün aussehen wie eine Felsenlache; und wer in seinem Garten Kalkboden hat, weiß sicher zu schätzen, daß diese Wacholdersorten nicht nur nichts dagegen haben, sondern Kalkboden geradezu lieben.

Ich habe, so kommt es mir jedenfalls vor, eine Unmenge von Artikeln über säure- und alkalihaltige Böden geschrieben. Vielleicht habe ich des Guten zuviel getan, aber es ist eben doch ein wichtiges Thema, denn es gibt nur wenig, das für das Wohlbefinden einer Pflanze wichtiger ist als der Boden, in dem sie leben muß. Ich könnte eine lange, traurige Geschichte über Pflanzen erzählen, die ich verloren habe, durch Vernachlässigung, Vergeßlichkeit, weil ich sie nicht richtig befestigt hatte und der Wind sie deshalb entwurzeln konnte, durch Trockenheit sogar in den Herbstmonaten Oktober und November, wo wir doch damit rechnen können, daß der Regen nur so vom Himmel strömt.

Aber nun wurde ich brieflich um einen Artikel über Gärten mit Lehmboden gebeten, was sicher ein Problem ist, mit dem viele umzugehen haben. Ich stand im ersten Garten, den ich jemals hatte, fünfzehn Jahre lang vor diesem Problem, deshalb lernte ich sehr viel darüber, und es waren bittere Lektionen. Ich möchte ganz ehrlich sein: Es ist ein harter, plagsamer (man kann es nicht besser ausdrücken), tückischer und undankbarer Boden, der vielleicht fünf Tage im Jahr bearbeitet werden kann, an den restlichen dreihundertsechzig dagegen trifft die Lexikondefinition zu: »Lehm ist eine zähe, formbare Masse; wenn sie getrocknet wird, wird sie hart und läßt sich zu Ziegeln, Fliesen usw. verarbeiten.« Bildhauern und Baumeistern ist das sicher nur recht so, der Gärtner aber sieht es anders. Lehmboden ist entweder so klebrig, daß er sich nicht umgraben läßt, oder so hart, daß Sie ihn nur mit der Breithacke brechen können, und daran läßt sich auch nicht viel ändern. Verkrümelter Kalk ist eine gute Hilfe, ebenso grobes Umgraben im Herbst, worauf der Winterfrost die Bodenschollen dann mürbe macht. Holzasche macht ihn leichter, und wenn Sie ein Schwelfeuer anlegen oder anlegen lassen können, welches, wenn es richtig gemacht worden ist, tagelang vor sich hinschwelt und einen nützlichen Haufen verbrannten Tons hinterläßt, wird Ihnen auch das weiterhelfen. Aber ehrlich gesagt, Ton ist wirklich eine Plage.

Als Trost wird uns gerne erzählt, daß Rosen Lehmboden lieben. Und das stimmt wirklich; meine Rosensträucher lebten lange bei bester Gesundheit. Natürlich haben wir ihnen durch Zugabe von Lauberde und Torf einen guten Start ermöglicht; es ist besser, diese Bodenmischung im Boden zu verteilen, als ein Loch zu graben und es damit zu füllen; ein solches Loch würde wie ein Eimer wirken, aus dem kein Wasser abfließen kann. Ich habe außerdem festgestellt, daß Flieder und Lupinen diesen Boden mögen. Ein weiterer Trost ist noch, daß die Farben stärker werden, aber ansonsten habe ich kaum einen guten Rat für Sie – außer dem, so schnell wie möglich umzuziehen.

Heute würde ich gern ein gutes Wort für die Lobelie einlegen, die manche Gärtner in Vororten und fast alle in den Städten lieben, während diejenigen unter uns, die sich ihres besseren Geschmacks rühmen, sie zumeist verachten. Die arme Lobelie hat unter ihrer herkömmlichen Verwendung und unter schlechter Gesellschaft entsetzlich und zu Unrecht leiden müssen. Schlechte Gesellschaft ist oft die schlimmste Feindin vieler Pflanzen. Wahrscheinlich ist jemand, der zum ersten Mal rosa Tulpen zwischen Vergißmeinnicht wachsen sah, in Freudenschreie ausgebrochen. Auch war früher vermutlich die edwardianische Kombination von Lobelien und Steinkraut ein Quell der Freude. Aber das ist jetzt nicht mehr so.

Dennoch: Machen Sie den Versuch, sich von Ihren Vor-

Lobelia erinus

urteilen zu verabschieden, und tun Sie so, als hätten Sie noch nie eine Lobelie gesehen. Sie hat doch so ein schönes Blau, so schön wie Enzian, finden Sie nicht? Und sie wächst so kompakt, so dicht wie ein enggewebter Teppich, durch den Sie eine Stecknadel hindurchstecken können, aber keinen Finger. Wenn Sie sich über die Lobelie solche Gedanken machen, dann werden Sie sie sofort in einem anderen Licht sehen und ganz neue Möglichkeiten erkennen.

Denken Sie sich die Lobelie wie einen großartigen blauen Weiher. Denken Sie an Wellen und Wasser, denken Sie an das Mittelmeer, wenn es am schönsten ist; denken Sie an Weite und Ausdehnung, an Grafschaften und Amtsbezirke und Kirchspiele. Oder, wenn Sie nicht ganz so viel Platz haben, dann pflanzen Sie sie doch wenigstens in ziemlich großzügigen Mengen, nicht nur als Kante, und denken Sie an die Variante Cambridge Blue, die ihrem Namen wirklich alle Ehre macht.

Wenn Sie Lobelien als Einfassung wollen und wenn Sie sie unbedingt mit Steinkraut kombinieren wollen, dann versuchen Sie es mit den Steinkrautsorten Lilac Queen, Violet Queen und Royal Carpet statt mit den herkömmlichen weißen. Das Blau der Lobelien paßt wunderbar zu ihren Rosa- und Lilatönen. Und ich habe im letzten Jahr eine witzige und originelle Idee gesehen. Dunkelblau und Hellblau waren in Vierecken auf beiden Seiten eines schmalen Weges gepflanzt, der vom Gartentor zur Haustür führte. Es sah aus wie ein Stück Schachbrett, wie ein Oxford-und-Cambridge-Schachbrett.

Habe ich nun genug gesagt, um für die Lobelie eine freundlichere Behandlung zu erwirken? Sie ist eine so alte Freundin unserer Gärten, die vor zweihundert Jahren zu uns kam, 1752 schon, vom Kap der Guten Hoffnung. Ihr Name soll einen Botaniker ehren, der vor viel längerer Zeit hierzulande tätig war, Mathias de l'Obel, den Leibarzt König Jakobs I. Eine romantische Geschichte, so romantisch, finde ich, daß unsere Lobelien mit mehr Phantasie angepflanzt werden sollen, als wir gemeinhin für sie aufbringen.

In der Regel versuche ich in diesen Artikeln, praktisch zu sein und nur Pflanzen zu empfehlen, die dem Amateurgärtner, der nicht auf Glashäuser oder ähnlichen Luxus zurückgreifen kann, doch einige Hoffnung auf Erfolg verheißen. Aber dieses eine Mal möchte ich eine Kletterpflanze vorstellen, die vor Frost geschützt werden muß, auch wenn sie den ganzen Sommer über zufrieden in ihrem Topf im Freien stehen kann. Wer kein Gewächshaus hat, sollte sie im Winter in ein warmes Zimmer holen. Das ist aber nur möglich, wenn Sie ihr Wachstum in vernünftigen Grenzen halten. Sie ist so hübsch, sie blüht fast ununterbrochen und sie duftet so wunderbar süß, daß sie diese ganze zusätzliche Mühe rechtfertigt.

Ihr Name ist *Jasminum polyanthum*, und wir haben sie erst kürzlich aus China bekommen, wo sie, glaube ich, von

Jasminum

Major Lawrence Johnston entdeckt wurde, diesem großen Gärtner und Schöpfer des Gartens von Hidcote. Bisher ist sie hierzulande noch nicht sehr bekannt, weshalb sie billig zu haben ist, und da sie aus Ablegern leicht zu ziehen ist, können wir bei Bedarf in kurzer Zeit einen großen Vorrat anlegen. Sie ähnelt im Aussehen dem vertrauten weißen sommerblühenden Jasmin *officinale*, hat jedoch größere Blüten, einen zwanzigmal stärkeren Duft, und die rosigen, spitzen Knospen sehen zwischen den dunkelgrünen Blättern so reizend aus wie kleine Juwelen. Auf meinem Tisch steht ein achtzehn Zentimeter langer Zweig, der heute, an diesem Tag im Januar, zweiundzwanzig Knospen trägt, der Name *polyanthum*, was »mit vielen Blüten« bedeutet, ist also nicht übertrieben. Die Pflanze, von der der Zweig stammt, steht in einem unbeheizten Glasanbau, einige Blüten haben sich schon geöffnet, und das ist im Januar ein wirkliches Geschenk. Ich hoffe, ich habe genug gesagt, um Sie in Versuchung zu führen.

In milderen Gegenden kann diese Jasminart natürlich auch im Freien wachsen, ich habe in Major Sterns berühmtem Garten in Highdown bei Goring-on-Sea ein wunderbares Exemplar gesehen, das bis zum Giebel reichte. Es wird von der Mauer vor dem Nordwind geschützt, und die Meeresluft bedeutet weniger Frost. In Devon und Cornwall oder in geschützten Gegenden in Somerset, Dorset oder Wales müßte dieser Jasmin üppig wachsen und große Höhen erreichen. Wie alle Wesen, die sich winden, gerät er immer wieder in wilde Verschlingungen, und alle Gärtner wissen aus bitterer Erfahrung, daß das zu viel totem Holz in der Mitte führt und nur schwer unter Kontrolle zu bringen ist. Am besten lösen wir diesen luftlosen, lichtlosen Dschungel auf, indem wir einige starke Triebe zur Seite lenken, fort vom Hauptstiel; sonst stehen wir vor der Aufgabe, mehrere Meilen von wüstverknotetem Garn zu entwirren.

Wer jetzt ein Interesse am chinesischen Jasmin entwickelt hat, hört vielleicht auch gern vom südafrikanischen Jasmin *J. angulare*, der angeblich noch süßer duftet.

Zwei Tage nach Erscheinen dieses Artikels wird seine Autorin eine Schiffsreise nach Indonesien antreten. Eine seltsame Kombination von Umständen schickt mich auf die andere Seite des Erdballs. Ich weiß nicht, was mich dort erwarten wird. Freunde haben mir von Orchideenhecken erzählt, sie behaupten gar, ich könnte dort Orchideen pflücken, wie man Klee bei einem Spaziergang über eine englische Wiese pflückt.

Ich frage mich, ob ich das wirklich glauben soll, und ob es mir überhaupt gefallen würde.

Es ist schon aufregend, sich in ein unbekanntes Klima wie die Tropen zu begeben. Was werden wir dort sehen oder finden oder entdecken? Werden wir neidisch soviel exotische Üppigkeit betrachten, Pflanzen, die in der Natur wachsen, statt in einem Gewächshaus zu stehen oder in einem Blumenladen ausgestellt zu werden? Ich habe immer die Pflanzenjäger bewundert, die unter Gefahr für Leib und Leben ferne Berge bezwingen, die mit einer aus zwei verknoteten Lianen bestehenden Brücke wilde Stromschnellen überqueren, die sich in Felsspalten hinablassen, um eine unerreichbare Pflanze zu untersuchen, die extreme Kälte oder Hitze, Dürre und Regen ertragen, die sich tagelang in Höhlen verstecken, um der Verfolgung durch wilde Banditen zu entgehen, die mit gebrochenem Bein auf einem schmalen Klippenpfad liegen, während eine Karawane aus fünfzig Mauleseln über ihren ausgestreckten Körper dahinschreitet, und die dennoch zwischen Löschblättern Pflanzen pressen und Samen und Zwiebeln sammeln, die sie schließlich auf irgendeine Weise nach Hause schaffen.

Diesen tapferen und entschlossenen Wesen verdanken wir so viele Schätze unserer Gärten, die wir für dermaßen selbstverständlich halten, daß wir sie ganz lässig aus einem Gärtnereikatalog bestellen. Wir geben eine Bestellung für eine geringe Summe auf und erhalten daraufhin ein adrett in Stroh verpacktes Bündel. Wie oft überlegen wir uns überhaupt dabei, was die Entdeckung dieser Pflanze irgendeinen furchtlosen Reisenden gekostet haben mag? Ich wüßte auch gern, wie vielen Amateurgärtnern überhaupt bewußt ist, daß noch heute mutige junge Botaniker zu ähnlichen Expeditionen aufbrechen und daß solche Expeditionen teilweise aus Mitteln finanziert werden, die Gartenliebhaber in der Hoffnung aufbringen, am Ende ihren Anteil an der Beute zu erhalten.

Ich werde sicher kein dermaßen romantisches oder ertragreiches Abenteuer erleben, und ich erzähle vor allem von meiner Reise, um mich bei allen *Observer*-Lesern zu entschuldigen, die mir vielleicht schreiben und zwei Monate auf eine Antwort warten müssen. Ich versuche sonst immer, alle Briefe postwendend zu beantworten, aber wenn ich irgendwo in der Nähe des südchinesischen Meeres unterwegs bin, ist das einfach nicht möglich.

Der Januar scheint nicht gerade die passende Jahreszeit zu sein, um an das Pflanzen von Zwiebeln zu denken, aber da manche Zwiebeln im März oder April in die Erde müssen, sollten wir sie jetzt bestellen. Ich möchte den Spaltgriffel empfehlen, dessen offizieller Name *Schizostylis coccinea* lautet, und seine hübsche rosa Variante Mrs. *Hegarty*. Beide sehen aus wie kleine Gladiolen und haben für uns den Vorteil, daß sie im Oktober und November blühen, wenn es nicht leicht ist, draußen noch Blumenschmuck für das Haus zu finden.

Ein Dutzend Spaltgriffel ist eine gute Investition, wenn Sie sie an der richtigen Stellen pflanzen und sich genügend um sie kümmern. Der richtige Ort ist ein leichter, gut entwässerter Boden, auf den der Sonnenschein voll auftrifft. Um sich genügend um die Spaltgriffel zu kümmern, müssen Sie sie während ihrer Wuchszeit, wenn die Blätter sich entfalten, sehr viel gießen, wie Sie es auch bei der Belladonnalilie machen würden. Sie müssen sich vor Augen halten, daß Spaltgriffel nur bedingt winterhart sind, in den meisten Teilen Englands überstehen sie den Winter aber einigermaßen unbeschadet; eine dünne Decke aus Farn oder trockenen Blättern im nächsten Winter kann für sie Jahre der Sicherheit bedeuten. Es ist ganz erstaunlich, wieviel ein wenig Farn für Zwiebeln ausmacht. Was mich betrifft, so stelle ich mir eine zugige Farndecke als wenig hilfreich für eine Frostnacht vor, mir wären ein dickes Federbett oder Wolldecken und eine Wärmflasche lieber, aber tief in der Erde vergrabene Zwiebeln werden auch durch eine sehr dünne Schutzschicht zuverlässig vor Frost geschützt.

Eine weitere Zwiebel oder Knolle, die Sie jetzt bestellen und im März pflanzen sollten, ist *Tigridia*, die mexikanische Pfauenblume, ein auf wilde Weise schönes, exotisch aussehendes Geschöpf. Sie hat immer nur eine Blüte, und diese Blüte lebt nur einen Tag, aber sie ist wunderschön, und auf sie folgen Tag für Tag viele ebenso wunderschöne Blüten, so daß sich die Anschaffung von einem Dutzend gemischter Sorten wirklich bezahlt macht. Sie müssen an einer sonnigen Stelle stehen und sollten, wie Dahlien, im Winter herausgenommen und im Haus aufbewahrt werden.

In der Welt der Gärtnerei herrschen noch immer unterschiedliche Ansichten darüber, in welcher Jahreszeit Rosen beschnitten werden sollen. Die alte orthodoxe Theorie empfahl die zweite Märzhälfte oder Anfang April. Heute bevorzugen wir jedoch mehr und mehr den Winter. Ich will mich nicht als Expertin ausgeben, halten Sie sich also bitte nicht an meinen Rat, wenn Sie anderer Ansicht sind, aber für mich scheint der gesunde Menschenverstand nahezulegen, daß eine Pflanze beschnitten werden sollte, wenn sie gerade Winterschlaf hält, und nicht dann, wenn der Saft schon steigt und sie folglich aus der Wunde bluten wird.

Aber die Ansichten zu diesem Thema sind dermaßen unterschiedlich, daß ich es nur unter großen Vorbehalten aufgreife. In einer Hinsicht bin ich mir allerdings sicher: Es ist immer richtig, einen Strauch von totem Holz zu befreien. Wieviel wirres Zeug finden wir am Fuß des alten Falschen Jasmins! Und wie viele unbrauchbare Zweige verunstalten den Flieder! Holen Sie Säge und Gartenschere, und schaffen sie Atemraum, vor allem in der Mitte. Lassen Sie Licht und Luft heran. Dieser Rat gilt ganz allgemein, denn es gibt keinen Strauch, der nicht davon profitieren würde. Natürlich haben wir schreckliche Angst, wir könnten aus versehen lebendiges Holz anschneiden oder zum falschen Zeitpunkt loslegen, aber selbst ganz unerfahrene Gärtner können gelassen den toten Abfall wegschneiden, den die Natur selber auch schon verworfen hat. Das gilt übrigens auch für die kleinen, schwächlichen Auswüchse, aus denen niemals etwas wird und die eigentlich durch ihre unergiebigen, aber zähen Überlebensversuche dem Zweig nur seine Kraft stehlen. Schneiden Sie alles weg. Schwächlinge müssen geopfert werden, das ist das harte Gesetz der Natur.

Amerikaner sind sicher viel nachbarschaftlicher veranlagt als wir, denn es macht ihnen nichts aus, beobachtet zu werden. Sie brauchen keinen privaten Bereich. Niemals legen sie Hecken an, um sich vor den Blicken der Vorübergehenden zu verstecken, sie setzen auch keine Hecke zwischen ihren und den Garten des Nachbarn. Alles ist offen. Hereinspaziert, hereinspaziert, scheinen sie herzlich einzuladen. Vielleicht sollten wir uns diesen demokratischen Geist zu eigen machen, aber ich glaube nicht, daß uns das je gelingen wird. Es widerspricht zu sehr unserer althergebrachten Vorstellung, daß unser eigenes Stück Boden, das unser Haus umgibt, daß unser Heim, sei es nun groß oder klein, für uns heilig ist. Was immer unsere amerikanischen Freunde auch machen werden, wir werden weiterhin Hecken pflanzen, um uns unsere Nachbarn vom Leibe zu halten.

Eine Bekannte ist noch einen Schritt weiter gegangen. Statt eine schnöde Hecke zu pflanzen, legt sie das an, was sie ein »Dickicht« nennt. Mir scheint das eine sehr gute Idee für alle zu sein, die ein Stück leeren Boden füllen möchten, zwischen dem eigenen Land und der Straße, zwischen dem eigenen und dem Garten des Nachbarn, oder ganz einfach ein Stück Boden, das mit blühenden Sträuchern und Bäumen vollgestopft werden soll, für die anderswo kein Platz ist. Ein Dickicht läßt sich überall anlegen, kann jegliche Form haben und aus allen Pflanzen bestehen, die Ihnen gerade gefallen. Wenn ich selber Platz für ein Dickicht hätte und damit rechnen könnte, es auch in zwanzig Jahren mit Vergnügen zu betrachten, dann wüßte ich, was ich zu tun hätte: Ich würde es anfangs viel zu dicht und übervoll anlegen, dann würde ich es nach und nach ausdünnen, während meine Bäume und Sträucher immer größer würden und sich gegenseitig verdrängten; ich würde alle wegnehmen, die mir weniger gut gefallen, und würde sie von Zeit zu Zeit durch etwas ersetzen, das ich schöner finde. Das wäre einer der vielen Vorteile eines Dickichts: Wir können immer wieder wegnehmen, hinzufügen und ändern. Und Spaß und Interesse und Abwechslung würden nie ein Ende nehmen.

Ich würde unter mein Dickicht Zwiebeln setzen, nicht nur die selbstverständlichen Osterglocken, sondern auch die vielen Lilien, die sich im Schutz der Sträucher, den Windbrechern, auf die viele Lilien angewiesen sind, eben wohl fühlen würden. Ein Dickicht bietet viele Möglichkeiten. Ich wünschte, ich hätte eins. Aber ich kann immerhin anderen von dieser Idee erzählen.

Zwischenzeitlich habe ich mich mit Literatur zum Thema Rittersporn beschäftigt und darin neues Wissen gefunden, das mir in meiner Ignoranz bisher unbekannt war. In der Hoffnung, daß andere ebenso ignorant und ebenso interessiert sind, möchte ich einiges davon weiterreichen. Es geht um die Herkunft dieser wunderbaren Pflanze, um die Geheimnisse der Gartenhybriden, um Vermehrungsmöglichkeiten und um Pflegetips. Ich bin immer wieder fasziniert von der Herkunft unserer Gartenpflanzen. Es ist einfach eine romantische Vorstellung, daß unsere geliebten und verhätschelten Schätze einst wilde Wesen in irgendeinem abgelegenen Tal oder an einem Hang in Asien, Afrika oder Amerika waren. Nicht nur wilde Wesen, sondern sogar Unkraut ...

Ich wußte, daß es überall auf der Welt Rittersporn gibt, doch mir war nicht klar, wie weit verbreitet er ist. Es gibt ihn überall zwischen Kalifornien und Tibet und China, er durchquert die Alpen und zieht dann weiter nach Rußland, Persien, Kaschmir und Sikkim, er wandert durch die Ausläufer des Himalaya und dann weiter nach Abessinien und Kenia. Was für eine Reise – wir müßten den halben Erdball umwandern, um ihm zu folgen, und könnten unterwegs überall wilden Rittersporn pflücken.

Diese wilden Rittersspornsorten, diese Eingeborenen fremder Länder, haben nur wenig Ähnlichkeit mit dem uns vertrauten Rittersporn. Die Entwicklung unserer Gartenhybride ist unbekannt und ungedeutet. Mr. Allen

Langdon, dem ich mein Wissen verdanke, vertritt die Ansicht, daß eine zufällige Befruchtung zu den wunderschönen, hochaufragenden blauen Gewächsen geführt hat, die vom Verhältnis her so hoch sind, wie die Kathedrale von Salisbury sich in den englischen Sommerhimmel erhebt. Er hält die als *Delphinium elatum* bekannte Art für einen Elternteil. Eine andere Informationsquelle teilt mir mit, daß sich diese Art überall zwischen den Pyrenäen und der Mongolei finden läßt. Wie Mr. Langdon ganz richtig bemerkt – und wer wüßte es besser als er! –, hat das Fehlen eines Stammbaums die Aufgabe der modernen Hybridenzüchter nicht gerade erleichtert, und seine Behauptung, daß diese trotzdem »die allerschönste aller krautartigen Pflanzen« hervorgebracht haben, die eine »gewaltige Verbesserung bedeutet, da keine andere Sorte es auch nur im entferntesten mit der modernen Hybride aufnehmen kann«, ist sicherlich gerechtfertigt. Die anderen Arten sind seiner Ansicht nach wenig wert, sie sind unscheinbar und unattraktiv. Oder, um es ganz offen zu sagen, sie sind öde, magere Geschöpfe, was man der modernen Abart nun wirklich nicht nachsagen kann. Diese fällt auf, und ich glaube, ich werde in einem zukünftigen Artikel noch mehr darüber schreiben.

Bis dahin sollten Sie eine Handvoll sehr grober Asche über jede Krone streuen, zum Schutz gegen Raupen, und Sie sollten alle schwachen Triebe ausdünnen. Je weniger Triebe eine Wurzel hat, um so schöner wird Ihr blauer Rittersporn.

Die Zusammenstellung von Pflanzen gehört zu den faszinierendsten und unterhaltsamsten Nebenaspekten des Gärtnerns. Und vielleicht ist es gar nicht richtig, von Nebenaspekten zu sprechen, denn ebenso wie der Ehrgeiz eines Malers sprießt, erkennt er, wie wichtig dieses Element für die Vervollkommnung seines Bildes ist, und was ist denn letztlich ein Garten anderes, wenn nicht die Schöpfung eines Bildes oder einer Bilderserie? Das Schöne an diesem Aspekt des Gärtnerns ist, daß es sich jeglichem Maßstab anpassen läßt, sei dieser nun grandios oder winzig. Wir finden die großen Parks wie Bodnant, Sheffield Park oder Stourhead, die durch ihre Größe einen Teil der Landschaft bilden; und wir finden die winzigen Steingärten, in denen ein kleine, ausgefranste Federnelke zusammen mit einer Zwergprimel ein perfektes Kompositionselement sein kann.

Manchmal kommen wir bei Ferien im Ausland auf neue Ideen, wenn wir die einheimische Flora in ihrem natürlichen Rahmen erleben können. Alle, die je über hochgelegene Alpenwiesen gewandert sind, werden mir da zustimmen. Ich erinnere mich vor allem an diesem kalten Januarmorgen an einen duftenden Nadelwald in den Dolomiten, wo sich *Clematis alpina* durch einige verkümmerte Bäume hindurchgeschlängelt hatte und ihre bleichen lila Gesichter hoch über den Türkenbundlilien hängen ließ, die darunter im lockeren Boden wuchsen. Es war ein so natürliches Bild, so richtig, so angemessen, so passend. Ich dachte damals wie heute, daß man dieses Arrangement in einer Ecke des eigenen Gartens nachstellen sollte.

Ich stelle mir einen erhöhten Hang vor, am besten gestützt von einer flachen Mauer. Auf diesem Hang oder Sockel, der für gute Entwässerung sorgen würde, könnten Sie Rosmarin und Lavendel pflanzen. (Es gibt viele unterschiedliche Lavendel- und Rosmarinsorten, hohe, kurze, aufrechte, liegende, dunkelblühende, hellblühende, auf die ich besser in einem späteren Artikel noch einmal zurückkomme. Es ist ein weites und angenehmes Thema.) Wenn Sie oben auf Ihrem Sockel Rosmarin und Lavendel gepflanzt haben, könnten Sie *Clematis alpina* zwischen die Büsche setzen und horizontal dazwischen umherranken lassen. Sie könnten auch einige Zwiebeln der Türkenbundlilie *Lilium martagon* pflanzen, die sich im Schutz von Rosmarin und Lavendel wohl fühlt und eine der pflegeleichtesten Lilien überhaupt ist, eigentlich müßte sie Jahr um Jahr aufs neue zufrieden ihren Auftritt haben und sich noch vermehren; angeblich hat die Türkenbundlilie sich in einigen Gegenden unseres Landes häuslich niedergelassen, eine ermutigende Nachricht für alle unter uns, die Lilien schwierig und enttäuschend finden.

Es lohnt sich, über die Clematiswurzeln einen umgedrehten Firstziegel zu legen, damit ihre faserigen Wurzeln nicht brechen, wenn wir im Beet harken. Sie brechen so leicht, und mit so fatalen Folgen! Aber vergessen Sie nicht, daß Schnecken Schlupfwinkel wie umgedrehte

Firstziegel lieben und außerdem gern die jungen Clematistriebe anknabbern, legen Sie also gleichzeitig ein wenig Schneckentod aus.

Ab und zu erhalte ich Briefe von Besitzern sehr kleiner Gärten, die um meinen Rat bitten. Diese Briefe stammen zumeist von wirklich engagierten Amateurgärtnern, sonst würden sie sich schließlich nicht die Mühe machen, mir zu schreiben. Darf ich aus einem typischen Brief zitieren?

»Unser Grundstück ist das übliche Rechteck von 15 mal 60 Metern, aber ich bin wild entschlossen, nicht den üblichen Garten zu haben. Unser Haus liegt etwas über zwölf Meter von der Straße entfernt, vor dem Haus haben wir eine Art Taschentuch von Garten ... Wir möchten einen Kamillenrasen anlegen, und ich träume auch von einer Lavendelhecke, außerdem wünschen wir uns ein oder zwei Bäume, aber nicht die übliche Vorortzierkirsche. Ich dachte schon an die Hängende Silberlinde *Tilia Petiolaris* ...«

Das ist einwandfrei eine Gärtnerin nach meinem Herzen, wie es sie sicher überall im Land gibt. Ihr Raum ist begrenzt, ihre Phantasie dagegen nicht. Warum sollte überhaupt irgendwer in einem üblichen Rechteck den üblichen Garten anlegen? Es gibt endlose Variationsmöglichkeiten, und wir könnten endlose Mengen von Vorschlägen machen. Wenn ich plötzlich meinen Garten verlassen und in einen Bungalow in einer Neubausiedlung ziehen müßte, dann würde ich hemmungslos den Vorgarten zu einem wilden, unsystematischen Chaos werden lassen, das einem Cottage-Garten, diese auf ihre bescheidene und kleine Weise wahrscheinlich hübscheste Gartenform, die wir hierzulande je entwickelt haben, so ähnlich wie möglich wäre. Ich würde das Chaos nur mit besten Waren bepflanzen, und nur mit den besten Arten der besten Waren, womit ich meine, daß alles absolut auserlesen sein sollte. Wenn Sie nur wenig Platz haben, müssen Sie einfach so wählerisch vorgehen. Wenn ich also einen Rasen hätte, dann sollte er vom reinsten Grün sein; hätte ich Sträucher, dann nur ganz ausgesuchte, den feinsten Flieder und die allerbesten Säckelblumen; wenn ich für den Frühling Zwiebeln setzen würde, dann nur von den hübschesten, elegantesten Sorten, die zwischen Veilchenbüschen aus dem Boden lugen würden, Zwiebeln von Scilla und Chionodoxa, dem Schneeglanz, und Muscari, der Traubenhyazinthe, Hundszahn und noch einige Kaiserkronen, aber immer die besten und ungewöhnlichsten Sorten; und wenn ich Ein- und Zweijjährige in die Lücken setzen wollte, dann würde ich immer die besten nehmen, egal ob Stiefmütterchen oder Nelken.

Natürlich gibt es für jeden Garten ein eigenes Gesetz. So vieles hängt ab von Boden, Lage und dem Geschmack des Besitzers. Von seinem Geschmack hängt noch mehr ab als von seinem Geldbeutel. Und das ist doch eine tröstliche Überlegung am Ende dieses Artikels.

Über Kletterpflanzen habe ich schon öfter geschrieben, aber es gibt so viele, daß ich gar nicht alle erwähnen konnte. Ich möchte heute ein gutes Wort für die Passionsblume einlegen, *Passiflora caerulea*, die winterhart ist, obwohl viele das nicht wissen. Ihre Wurzeln liefern jedes Jahr neue Triebe, selbst wenn der Frost das Exemplar arg mitgenommen und ihm scheinbar jeglichen Lebenswillen geraubt hat. Ihre seltsam geformten Blüten sehen aus der Ferne nicht gerade umwerfend aus, aber aus der Nähe sind sie wunderbar, mit ihrem Strahlenkranz, der sie ihren Namen verdankt. Sie sollte vor einer warmen Wand stehen, obwohl ich fürchte, daß sie nicht einmal dann hierzulande ihre orangefarbenen Früchte produzieren würde.*

***

Berberidopsis corallina (Korallenstrauch) aus Chile, deren zweiter Name die Farbe ihrer Blüten beschreibt, hat den Vorzug, immergrün zu sein und keine Einsprüche gegen eine schattige Mauer zu erheben, wo ihre wunderschönen Rosetten in reichem Rot glühen. Ich finde, daß diese Farben, orange, korallenrot oder rot, im Schatten noch überwältigender leuchten. *Berberidopsis* hat jedoch auch zwei

* Das muß ich zurücknehmen. Hier in der Umgebung, in Kent, produzieren diese Pflanzen in zwei Gärten eine wirkliche Fruchtfülle. Ich wußte nicht, um welche Pflanzen es sich handelte, bis ich mich dort erkundigt hatte. Seltsamerweise schauen beide Pflanzen nach Osten und bekommen zweifellos kaum Sonne ab.

Nachteile: Sie mag keinen kalkhaltigen Boden und ist nicht gerade für ihre Zähigkeit berühmt. Aber in einer geschützten Ecke müßte sie die meisten Winter doch überleben, vor allem im Süden oder Westen.

Es wird bisweilen behauptet, daß grüne Blumen keine große Begeisterung erregen, weil wir Blumen vor allem deswegen lieben, weil sie nicht grün sind. Wenn das stimmt, dann können wir unsere beiden einheimischen Nieswurzsorten vergessen. Aber das glaube ich nicht. Die grüne Rose, *R. viridiflora*, finde ich recht witzig, und ich habe mir immer ein Exemplar der grünen Primel gewünscht. Mir gefallen grüne Blüten, vor allem, wenn sie von einem hellen Apfelgrün sind, wie bei *Helleborus viridis*, der Grünen Nieswurz, oder bei *Helleborus foetidus*, gemeinhin auf wenig charmante Weise als Stinkender Nieswurz bekannt, den wir in Buchenwäldern oft in Gesellschaft von Lorbeerseidelbast und Wolfsmilch finden. Ansonsten gefällt mir jede Pflanze, die mich im Januar oder Februar im Freien mit Blüten überrascht.

Vielleicht kann es durch Vorurteile verhärtete Herzen erweichen, wenn ich noch hinzufüge, daß *Helleborus* zur selben botanischen Familie gehört wie die Hahnenfußgewächse, die *Ranunculaceae*. Nur wenige Engländer – wir sind eben ein äußerst sentimentales Volk – können dem Charme der Butterblumen widerstehen, den gelbgesprenkelten Wiesen unserer Kindheit und dem Hahnenfuß (*R. lingua*) an den Ufern eines Baches.

Unsere beiden einheimischen Nieswurze kommen jetzt immer seltener vor, wenn Sie also das Glück haben, sie irgendwo in den South Downs in der Natur zu finden, graben Sie sie bitte nicht aus, sondern lassen sie sich aus einer Gärtnerei Samen oder Pflanzen kommen. Frische Samen sind sehr schnell zum Keimen zu bringen. Angeblich werden sie in der Natur von Ameisen verteilt; aber da wir uns nicht auf einen hilfsbereiten Ameisenhaufen verlassen können, sollten wir doch lieber eine Packung frischen Samen kaufen, ihn sofort in einer Keimschale aussäen und die Setzlinge später ganz normal auspflanzen.

Ich möchte nicht behaupten, daß unsere beiden Einheimischen so hübsch sind wie ihr korsischer Vetter *Helleborus corsicus*, der so stark und kräftig ist, daß seine Blätter allein schon von der architektonischen Qualität des Bärenklau sind, ganz zu schweigen von Schönheit und Wert der Blüten. Aber ich behaupte, daß unsere beiden Einheimischen es verdienen, in jegliche Nieswurzsammlung aufgenommen zu werden. Sie sind bescheiden und stellen kaum Ansprüche. Sie lassen sich recht viel Schatten gefallen und haben nichts gegen Kalk, sie mögen ihn sogar, und das sollte doch alle ansprechen, in deren Gärten es schwierige Stellen gibt.

Machen Sie sich keine Sorgen, wenn *H. viridis* im Herbst abstirbt, er ist nicht tot, er ruht sich nur aus und wird wieder aufleben. *H. foetidus* dagegen ist immergrün.

Als die frühen Siedler sich in ihrem freiwilligen Exil in dem wilden und gefährlichen Territorium Nordamerikas niederließen, das ihren Nachkommen heute unter dem Namen Virginia bekannt ist, entdeckten sie in Dickicht und Unterholz eine Art Strauch, der sie an den aus England noch vertrauten, ganz normalen Haselbusch erinnerte. Sie schnitten die gegabelten Zweige ab und benutzten sie als Wünschelruten, wie sie das in der alten Heimat mit Haselnußzweigen gemacht hatten. Bei diesem Strauch handelte es sich um *Hamamelis virginiana* (Zaubernuß). Sie nannten ihn »Witch-hazel«, Hexenhasel, denn ein Zweig, der in der Hand zuckt, muß doch etwas mit Hexen und Zauber zu tun haben. Es ist ein hübscher Name, aber unsere heimischen Haselsträucher sind durchaus nicht mit *Hamamelis* verwandt, und so sehr wir im Frühling ihre Kätzchen und die Eichhörnchen im Herbst ihre Nüsse lieben, so dürfen wir uns durch diesen Namen doch nicht in die Irre führen lassen.

Die Zaubernußsorten, die jetzt in unseren Gärten stehen, sind denen, die die alten Siedler in Virginia gefunden haben, um vieles vorzuziehen. *Hamamelis virginiana* kann es wirklich nicht mit der chinesischen *Hamamelis mollis* oder der japanischen *Hamamelis japonica* aufnehmen. Beide haben nach dem Dreikönigstag ihre volle Schönheit erreicht. Es sind seltsam aussehende Pflanzen mit ihrem verkrümmten Wuchs und ihren verworrenen Blütenbändern. Man bedauert es immer, nicht mehr von einer Sorte gepflanzt zu haben, die uns gefällt. Grammatikalisch ist dieser Satz sicher nicht einwandfrei, aber es ist ein guter Gartenrat. Wenn ich zwanzig Jahre zurückgehen könnte, dann würde ich einen ganzen kleinen Hain aus diesen beiden Asiaten anlegen, und dann hätte ich jetzt viele hohe Sträucher zur Auswahl und brauchte nicht so geizig zu sein, wenn Freunde mich um einen Zweig bitten. Zaubernuß mag nicht gern geschnitten werden, was schade ist, denn in der Vase ist sie ideal, sie ist sehr langlebig, dekorativ und kann ein ganzes Zimmer zum Duften bringen. Aber sie bekommt nicht wie die meisten anderen blühenden Büsche nach dem Schneiden neue Blüten, beim Schneiden verderben Sie sich also die Aussichten auf die Blütenpracht des nächsten Jahres. Über solche Probleme steht in Büchern eigentlich niemals etwas. Wir müssen das alles aus eigener Erfahrung lernen.

Abgesehen von diesem Nachteil gibt es wirklich keinen pflegeleichteren Strauch. Er entwickelt sich vielleicht sehr langsam, aber er beginnt schon in recht jungem Alter zu blühen und akzeptiert jeglichen vernünftigen Boden, vor allem, wenn er lehmig ist. Er hat gern Sonnenlicht, damit sein Holz reifen kann, kann aber sogar kalte Ost- und Nordwinde hinnehmen, und seine Blüten sind außergewöhnlich frostresistent. An Wintermorgenden leuchtet das gekräuselte Gold unter seiner Reifdecke wie kristallisierte und kandierte Früchte. Wenn ich dann noch hinzufüge, daß die Blätter im Herbst quittengelb werden, dann habe ich vielleicht genug gesagt, um Sie zum Pflanzen dieses seltsam vernachlässigten Schatzes zu bewegen.

Vor kurzem habe ich versprochen, über Rosmarin und Lavendel zu schreiben. Es kam mir vor wie ein nettes, warmes, sommerliches Thema für einen Wintertag, an dem man kaum glauben mag, daß der Garten jemals wieder wie ein Garten aussehen wird.

Die meisten von uns haben einige Büsche dieser lieben, großmütterlichen Pflanzen. Manche Gärtner sind noch immer klug genug, um sie entlang eines Pfades als Hecken oder in Büscheln neben der Haustür zu pflanzen, wo sie dann beim Ein- und Ausgehen zulangen können. Eine witzige, aber recht unfreundliche Bemerkung einer Freundin, die selber eine fähige Gärtnerin ist, hätte mir fast das Vergnügen am aromatischen Rosmarinduft verdorben. Sie sagt, dieser Geruch erinnere sie an Desinfektionsmittel.

Das mag so sein, aber ich werde an meinen Türen weiterhin Rosmarin pflanzen.

Dann habe ich mir aber überlegt, daß es vielleicht Sorten gibt, die weniger verbreitet sind als der alte englische Lavendel, *Lavandula spica*, als der niederländische *Lavandula vera* oder der gemeine Rosmarin, *Rosmarinus officinalis*. Leider sind einige dieser Sorten nicht winterhart und müssen deshalb beschützt werden, aber alle sind sehr leicht von Ablegern zu ziehen, und deshalb können wir in einem Frühbeet oder unter einer Glocke eine Reservezucht anlegen. Der Schopflavendel, *L. stoechas*, ist ungewöhnlich und attraktiv, seine Blütenähre ist etwas kürzer und stacheliger als die der meisten anderen Lavendelsor-

Helleborus foetidus

ten. Er wächst wild überall auf den steinigen Hügeln der Mittelmeerländer, in Spanien, Südfrankreich und Nordafrika. Die Hidcote genannte Lavendelsorte ist recht zäh und sehr schön, von tiefem, reichem Lila. Was den Rosmarin betrifft, so gibt es den korsischen (*R. angustifolius Corsicus*), sehr schön mit seinen fedrigen Blättern und seinen sehr hellblauen Blüten, nur ist er leider nicht sonderlich winterhart. Dann gibt es noch *Tuscan Blue*, der, wie Mr. Arnold-Forster, der ihn bei uns eingeführt hat, bemerkt, in der Toscana zu Hecken wächst, die durch ihr »Säckelblumenblau schon aus der Ferne zu erkennen sind«. Er schlägt vor, die langen Blütenähren zu kürzen, damit diese Sorte auch hierzulande zu schöner Blüte gelangt. Ich habe wunderschöne Exemplare in Cornwall gesehen, die, flach an einer Wand hochgeführt, eine Höhe von über drei Metern erreichten, und ich halte das für die sicherste Methode, ihr Gedeihen zu sichern, es sei denn, man lebt in einer eher milden Gegend. Diese Methode hat noch den Vorteil, daß Sie normale Netze, wie die, mit denen später im Jahr die Knospen von Obstbäumen geschützt werden, als Wind- und Frostbrecher aufspannen könnten. Der toskanische Rosmarin ist sehr steif und stattlich, ganz anders als sein weicher korsischer Vetter, seine dunkelgrünen Blätter sehen ein wenig aus wie Leder und machen ihn zu einer gutaussehenden Pflanze, selbst wenn er bei uns doch nicht so üppig blühen mag wie unter der Sonne Italiens.

Aus Prinzip empfehle ich eigentlich nichts, womit ich selber noch keine Erfahrungen sammeln konnte, aber in diesem Fall will ich es doch riskieren. Es geht um eine neue Art von Glocke, die nicht aus Glas besteht, sondern aus Plastik, federleicht und unzerbrechlich, solange wir keinen Felsbrocken darauf fallen lassen. Es gibt sie in verschiedenen Größen, eingefaßt von galvanisiertem Metall, mit vier Metallbeinchen, die wir in den Boden drükken können, damit sie fest und sicher steht, denn sonst müßten wir befürchten, daß ganze Glockenschwärme abheben und davonfliegen, blaß wie Zellophan, ein gespenstisches Geschwader unter einem windigen Mond.

Die Hersteller behaupten, diese Glocke ließe mehr Infrarotlicht durch als normales Glas, weshalb die Setzlinge von Blumen oder Gemüse rascher und besser wachsen. Das ist die herkömmliche und orthodoxe Verwendung solcher Glocken. Ich habe bisher noch nicht einmal etwas so Nützliches wie zum Beispiel einen frühen Kopf Salat mit einer solchen Glocke gezogen, aber immerhin habe ich versucht, damit empfindsame, frierende Geschöpfe zu schützen, die scharfen Wind viel mehr fürchten als einen ehrlichen Frost oder eine Schneedecke. Nach meiner Erfahrung verwandeln die kalten Nordostwinde Blätter in verschrumpelte braune Krüppel; wir würden unsere Pflanzen so gern in irgendeine Schutzhülle wickeln, wir benutzen Sackleinen, aber keine Pflanze möchte gern über längere Zeit licht- und luftlos unter Jute oder Sackleinen ersticken. Sie kann dann nicht atmen. Deshalb probiere ich jetzt aus, ob diese Glocken auch als Schutz gegen kalte Windstöße eingesetzt werden können. Aufgrund ihrer Maße lassen sie sich nur bei niedrig-wachsenden Pflanzen verwenden (ich kann aber noch hinzufügen, daß das Plastikmaterial auch separat in Bögen von 8 x 18 cm erhältlich ist). Mein Garten sieht deshalb aus wie eine Armee von winzigen Rittern, die sich in ihren durchsichtigen Rüstungen zur Schlacht aufgestellt haben.

Ich hoffe, es klappt. Ich sehe keinen Grund, warum es nicht klappen sollte. Vor allem Setzlinge von bedingt winterharten Einjährigen müßten davon profitieren, vor allem Mitte Mai, in den gefährlichen Frostnächten. Im Gemüsegarten könnte eine Reihe solcher Glocken sich als unbezahlbar erweisen. Sie lassen sich leichter versetzen als Glasglocken, denn sie können unterwegs nicht zerbrechen und ihre Splitter überall auf dem Gartenweg verstreuen.

Februar

Plötzlich ging mir auf, daß ich in meiner Kolumne noch nie über Laubengänge geschrieben habe, und ich weiß auch nicht, ob Laubengänge hierzulande überhaupt so empfehlenswert sind. Sie tropfen. Und viel zu oft werden sie als Gerüst für die weniger wünschenswerten Arten von Kletterrosen benutzt, während ihre Eignung für interessantere Kletterer übersehen wird. Im Grunde machen sich alle blühenden Kletterer gut, wenn wir sie in einem Laubengang von unten betrachten, und außerdem können wir noch die vielen Sorten von Zierwein hinzufügen, sogar die winterharten, fruchttragenden Weinsorten. Was ist schließlich hübscher als eine Dolde kleiner grüner oder schwarzer Trauben, die an ihrem Spalier baumelt?

Auch wer sich ganz und gar auf Rosen beschränken will, hat die Auswahl unter sehr schönen und kräftigen Sorten. Dazu gehören auch alte Lieblinge: *Gloire de Dijon*, *Lady Hillingdon*, *Mme. Alfred Carrière*, *William Allen Richardson*. Es gibt aber auch noch lose, große, einfache oder halbgefüllte Blüher: *Allen Chandler*, leuchtendrot mit goldener Mitte, *Cupid*, von silbrigem Muschelrosa, *Emily Gray*, buttergelb mit glänzenden dunklen Blättern und rötlichen Stielen, und die bekannte *Mermaid*, eine späte Blüherin von zartem Gelb. Auch viele der beliebtesten Teehybriden sind als Kletterpflanzen erhältlich: *Crimson*

Glory, Etoile d'Hollande, Ophelia, Mme. Edouard Heriot. Dann gibt es noch *Paul's Lemon Pillar,* eine der vollkommenst geformten Rosen, die ich überhaupt kenne, dazu von einer so speziellen Farbe, daß ich nicht weiß, ob ich sie Elfenbein- oder Schwefel- oder Eisberggrün nennen soll. *Lawrence Johnstone,* einst auch bekannt als *Hidcote Yellow,* ist von einem sehr reichen Gelb. Wenn Sie eine Mischung aus Gelb und Rot wünschen, die ein sehr leuchtendes Orange ergibt, dann nehmen Sie *Réveil Dijonnais,* die große Ähnlichkeit mit der alten *Austrian Copper* hat. Und das ist kein Wunder, denn die gehört zu ihren Eltern, nur hat *Réveil Dijonnais* sehr viel größere Blüten. Doch wenn sie sich erst geöffnet hat, dann hat sie die leidige Angewohnheit, zu einem wirklich entsetzlichen, trüben Rosa zu verblassen.

Dies sind nur einige wenige Rosensorten, durch die ich meine alten Feindinnen *American Pillar* und *Dorothy Perkins* gern ablösen lassen würde.

Ist der Winterling zu bekannt, um überhaupt noch eine Erwähnung zu verdienen? Bestimmt nicht. Wir können gar nicht häufig genug an einen so lieben und frühen Bekannten erinnert werden. Hier in Kent fing er am 20. Januar an zu blühen; ich habe es in meinem Tagebuch notiert. Dann kam der Frost und verwandelte die Blüten in kleine kandierte Aprikosen, wie man sie früher zu Weihnachten geschenkt bekam. Sie glitzerten, sie funkelten im Frost. Dann verzog sich der Frost, und sie entfalteten an einem Februartag ihr volles, weiches Butterblumengelb, das uns sofort ein Frühlingsgefühl eingab, das Gefühl, das wir haben, wenn die erste schwache Sonnenwärme auf unsere bloßen Hände trifft.

Ich liege übrigens ganz richtig, wenn ich das lackierte Gelb des Winterlings mit dem unserer gemeinen Butterblume vergleiche, denn beide gehören zur selben botanischen Untergruppe der *Ranunculaceae*.

Der korrekte Name des Winterlings ist *Eranthis*. *Eranthis hyemalis* ist die am häufigsten auftretende Sorte, mit der wirklich alle zufrieden sein können. Billig ist sie auch, aber wenn Sie etwas noch Besseres wollen, dann bestellen Sie den teureren *E. tubergenii*. Ich halte das wirklich für einen lohnenden Versuch, wenngleich ich sehr zufrieden bin mit dem Goldflecken, den ich dem *hyemalis* verdanke (das bedeutet: winterlich). Dieser Winterling hat den großen Vorteil, daß er fast überall blüht, im Schatten oder in der Sonne, unter Bäumen oder auf freiem Feld, und daß er eine großzügige Ernte aus Senf-und-Kresse-ähnlichen, selbstsäenden Setzlingen produziert, die Sie ausgraben und verpflanzen können. Ältere Pflanzen sollten Sie stehen lassen, der Winterling ist eine sehr heimattreue Pflanze, die lieber an der Scholle haftet und erst nach einigen Jahren des Eingewöhnens ihr Bestes gibt. Werden Sie also nicht ungeduldig mit Ihrem Winterling. Lassen Sie ihm Zeit.

Es gibt viele kleine frühe Pflanzen, die sehr gut zu ihm

passen; ich stelle mir eine Winterecke vor, die ich auch anlegen werde, voller kleiner Gesellen, die zur selben Zeit ihren Kindergeburtstag feiern: *Narcissus minimus* und *Narcissus nanus;* die leuchtendblauen Fingerhüte der frühesten Traubenhyazinthe *Muscari azureum;* den zarten Wildkrokus *tomasinianus*, der sich selber munter aussät und überall Dutzende von kleinen Thomassen hinterläßt ... aber jetzt muß ich aufhören.

Wie Misteln effektiv verbreitet werden, darüber habe ich bereits geschrieben. Es ist meistens die Misteldrossel, daher der Name, die die Samen in Rindenritzen einreibt. Aber es stimmt nicht, daß die Menschen mit ihren Kunstgriffen da nicht mithalten könnten. Der verstorbene Mr. E. A. Bowles hat mit seinem dreibändigen Werk My *Garden in Spring, Summer, Autumn and Winter* seine Erfahrungen in dieser Hinsicht ausführlich mitgeteilt.

Bewahren Sie Ihre Weihnachtsdekorationen auf, sagt er, oder noch besser, besorgen Sie sich im Februar oder März einige frische Beeren. Sie werden weniger welk und damit besser zum Keimen geeignet sein. Drücken Sie die Beere, bis sie platzt, und kleben Sie den Samen dann mit Hilfe des klebrigen Saftes auf die Unterseite eines gesunden jungen Zweiges. Machen Sie das mit so vielen Samen wie möglich, und versuchen Sie auch, sich mehr als eine

Eranthis hyemalis

Pflanze zu beschaffen, das ist wichtig für die Befruchtung; mit anderen Worten, ohne eine zweite Pflanze bekommen Sie auch keine Beeren. Die besten Wirtsbäume sind Apfel und Pappel, obwohl Mr. Bowles behauptet, auch bei Weißdorn erfolgreich besamt zu haben. Manchmal wird empfohlen, so sagt er, den Zweig anzuschneiden oder abzukratzen, ehe der Samen aufgetragen wird, aber er hält das für unnötig. Und, mehr noch, die besten Resultate hat er bei gesunden Zweigen mit glatter, sauberer Rinde erzielt.

Und danach müssen Sie offenbar sehr viel Geduld haben. Selbst wenn es zu einer Keimung gekommen ist, wird die junge Pflanze sich während ihrer ersten beiden Lebensjahre sehr still verhalten. In ihrem ersten April, also einige Monate nach dem Aussäen, sollte sie ein grünes Scheibchen oder einen »Finger« zeigen, und mehr können Sie bis zum nächsten Frühling dann nicht mehr von ihr erwarten. Dann sollten die ersten beiden Blätter erscheinen, die danach in Form einer »geometrischen Reihe« immer mehr werden, bis sie dann Ihren selbstgezogenen beerenbesetzten Zweig über Ihren Eßtisch hängen können.

Das klingt alles so überzeugend und machbar und ist bestimmt ein unterhaltsames Experiment für einen Amateur mit viel Muße und einem Obstgarten mit alten Apfelbäumen zum Üben. Und rein geschäftlich könnte es sich lohnen. Unsere Weihnachtsmisteln sind ziemlich teuer und werden, so viel ich weiß, in großen Mengen aus dem Ausland eingeführt. Reisende zwischen Calais und Paris haben sicher die dicken Klumpen gesehen, die wie Elsternnester die vielen vernachlässigt aussehenden Bäume an der nordfranzösischen Bahnlinie verdüstern. Vielleicht werden diese Bäume ganz bewußt vernachlässigt; vielleicht bringt diese Vernachlässigung auf unseren Märkten dann ihren Besitzern großen Profit.

Einjährige, die sich für sonnige Stellen eignen, sind zumeist so bekannt und verbreitet, daß es fast schon eine Beleidigung wäre, sie aufzuzählen. Es wäre Platzverschwendung, Sie an Pflanzen wie Klarkie, Steinkraut, Schleifenblume, Eschscholzia, Petunie oder sogar Nemesie zu erinnern, die zweifellos, was die Leuchtkraft der Farben angeht, Höchstleistungen erbringen. Jeder Gärtnereikatalog wird Ihre Erinnerung in Richtung des Selbstverständlichen lenken.

Es wäre deshalb wohl sinnvoller, wenn ich einige wenige vorstellte, die zwar ebenfalls pflegeleicht sind, die aber auf seltsam zurückhaltende Art jegliche Publicity scheuen. Ich erwähne immer wieder gern *Phacelia campanularia*, und ich bin immer wieder überrascht, wenn Besucher meines Gartens mich nach der auch Bienensaug genannten Pflanze fragen. Versuchen Sie es einmal. Säen Sie sie in vierzehntägigem Abstand von April an aus, legen Sie Schneckentod aus, vereinzeln Sie sie auf achtzehn

Zentimeter Zwischenraum; und dann lassen Sie sich von dem schönen Blau überraschen. Dann gibt es die Südafrikaner: *Venidio-Arctotis*, *Ursinia*, *Dimorphoteca*, das Kapkörbchen mit einer Farbskala von Gelb bis Orange, und wenn Sie noch mehr Orange für die Palette Ihrer Rabatte wünschen, dann greifen Sie zur Kosmea, dem Schmuckkörbchen *Cosmos Sunny Red*, dreißig Zentimeter hoch, mit fedrigen Blättern, sternenförmiger Blüte, langer Lebensdauer und in einem bunten Strauß so hübsch, daß sogar Mrs. Constance Fry zufrieden sein muß. Am Fuße dieser gelb bis orangefarbenen Geschöpfe könnten Sie einen großen Flecken *Limnanthes douglasii* säen, beliebt bei Bienen und in England bekannt unter dem aussagekräftigeren Namen »Verlorenes Ei-Blume«. Ich hätte sie nicht so genannt, ich finde, sie sieht viel mehr aus wie Rührei mit gehackter Petersilie; »verlorenes Ei« erinnert an etwas viel Runderes und Zusammenhängenderes. Ich weiß, daß diese Einjährige sehr häufig empfohlen wird, aber alte Lieblinge geraten so leicht in Vergessenheit, daß eine Erinnerung doch angebracht sein kann.

Beim Überfliegen dessen, was ich bisher geschrieben habe, sehe ich, daß ich von einem »großen Flecken« schreibe. Ich bin sicher, daß das ein guter und vernünftiger Rat ist. Übertreiben ist immer besser, als knickrig zu sein. Massen sind effektiver als Einzelstücke.

Zum Abschluß. Haben Sie schon einmal *Moluccella laevis* gepflanzt? Sie wurden im Jahre 1570 aus Syrien in unser Land gebracht, vor fast vierhundert Jahren also, und sie scheinen ein wenig vernachlässigt worden zu sein, bis ihre Beliebtheit in jüngster Zeit zu neuer Blüte gelangt ist. Ich habe einen Versuch gemacht und war zuerst enttäuscht; doch je mehr sie sich entwickelte, um so deutlicher wurde, daß sie ihren anderen Namen, Muschelblume, wirklich verdient, hat und meine Enttäuschung schlug in innige Zuneigung um. Wir müssen Geduld mit ihr haben, sie braucht lange, ruhige Sommerwochen, bis sie dann endlich zeigt, was sie kann.

Ich hatte gehört, daß sie während des Winters als Schnittblume im Haus sehr lange überlebt, doch leider schlug die erbarmungslose Hacke zu, ehe ich einschreiten konnte, und meine Muschelblume wurde auf den Müllhaufen gekarrt.

Als meine Söhne noch sehr viel jünger waren, tadelten sie mich bisweilen so: »Wenn du das noch nicht gemacht hast, dann solltest du davon.« Diese wunderbar ungrammatikalische Aufforderung spukt mir seit dreißig Jahren im Kopf herum. Und macht mir noch immer zu schaffen. Wenn ich es noch nicht gemacht habe, dann sollte ich davon.

Ich hätte schon längst Samen bestellen müssen. Die Kataloge strömen nur so ins Haus und bieten verwirrende Mengen an Schätzen an. Angesichts so vieler Versuchungen wissen wir nicht mehr ein noch aus. Sollen wir Samen für winterharte Pflanzen bestellen, die zwei Jahre brauchen, ehe sich die Investition bezahlt macht? Sollen wir Einjährige bestellen, die im kommenden Sommer ihren kurzen Auftritt haben werden? Vielleicht sollte ich mich in diesem Artikel auf Einjährige beschränken, aber es gibt auch einen hervorragenden Winterharten, der wie ein Einjähriger behandelt werden sollte. Wenn wir ihn jetzt unter Glas aussäen, dann müßte er eigentlich von Juli bis Oktober blühen. Ich rede vom Rittersporn der Pacific-Serie. Dazu gehören blaue Sorten wie *Blue Jay* und *Summer Skies*, violette wie *King Arthur*, weiße wie *Galahad* und *Percival*. Es sind wunderbare Blumen, die im März oder April auch im Freien gesät werden können.

Die meisten Gärtner bleiben den üblichen Einjährigen ihrer Wahl treu, aber einige Vorschläge werden sicher trotzdem gern gehört. Es gibt eine ziemlich neue Wicke, die als dichter, kleiner, runder Ball ungefähr dreißig Zentimeter hoch wird; sie bietet sich an, um leere Stellen vorne in einer Rabatte zu füllen. Sie trägt den sentimentalen Namen *Little Sweetheart*. Dann gibt es *Cleome Pink Queen*, die Spinnenpflanze; Spinnenhasser brauchen aber nicht davor zurückzuschrecken, denn sie sieht eigentlich gar nicht so aus. Mit ihren neunzig Zentimetern empfiehlt sie sich als Lückenschließerin in der Mittelrabatte. Schließlich möchte ich noch den roten Bergspinat *Atriplex hortensis* erwähnen, ohne Blüten, aber durch seine dunklen Blätter sehr dekorativ, außerdem für Salate geeignet.

Wenn Sie etwas Auffälligeres wollen, vor allem in

Hellblau, dann brauchen Sie *Cynoglossum amabile*. Mit dieser auch Hundszunge genannten Pflanze war ich im letzten Sommer dermaßen zufrieden, daß ich sie gern überall aussäen würde, damit sie in jeder Ecke hervorkommen kann, die ihr gerade paßt. Und dann gibt es noch diese enzianblaue Einjährige, die ich immer wieder gern empfehle, *Phacelia campanularia*. Aber bitte, säen Sie sie zwischen April und Juni alle vierzehn Tage aus, das liefert Ihnen den ganzen Sommer über fortlaufend Farbe. Wie munter und leuchtend diese Einjährigen doch sind. Wie schade, daß ihr Leben so kurz bemessen ist, aber vielleicht macht ja gerade das ihren Charme aus; schnell gekommen, schnell gegangen, ein Auflodern von Schönheit, dann für sie der Tod, für uns jedoch ein neues Leben, denn wir können ihre Samen aussäen und sie damit wieder zum Leben erwecken.

Heute, in der traurigen Weisheit meiner alten Tage, passiert es mir nicht mehr oft, daß ich mich von Katalogbeschreibungen dazu verleiten lassen, etwas zu bestellen, von dem ich weiß, daß es fast mit Sicherheit eine Enttäuschung werden muß. Und doch erliege ich ab und zu noch einmal einer solchen Versuchung. Ich bereue das nicht. Wenn wir dazu nicht mehr in der Lage wären, dann hätten wir die vertrauensvollen Wiesen der Jugend verlassen und die skeptischen Wüsten des Alters erreicht, was traurig für jeden Gärtner wäre, denn Gärtnerei ist eine zutiefst hoffnungsvolle, optimistische Beschäftigung.

Meine unwiderstehliche Versuchung in diesem Fall war ein billiges Tütchen *Senicio maritima* var. Diamond. Verwechseln Sie diese Pflanze nicht mit der Aschenpflanze, dieser hübschen, schmetterlingshaften Topfblume, die jeder Besitzer eines kleinen, beheizten Gewächshauses im Winter vorweisen kann. *Senicio maritima* ist etwas ganz anderes. Es ist eine graublättrige Pflanze mit silbrigen, tief eingekerbten Blättern, die sich als Hintergrund für andere Pflanzen hervorragend macht. Die Variante Diamond wird als »von fast reinem Weiß« beschrieben. Kein Wunder, daß ich nicht widerstehen konnte! Wenn sie wirklich weißer ist als die verbreitetere *S. maritima*, dann muß sie wirklich wunderschön sein.*

Leider ist *S. maritima* nicht ganz winterhart. Sie kann milde Winter überstehen und schießt selbst dann wieder in die Höhe, wenn Wind und Regen sie zu Boden geworfen haben. Und wenn sie diesen Winter überlebt, dann hat sie wirklich jegliches Lob verdient. Da ihre Ableger sehr leicht Wurzeln schlagen, sollten wir für Notfälle immer einen Topfvoll aufbewahren.

Ich bestellte auch ein Tütchen mit einer alten Freundin, *Euphorbia marginata*, einer winterharten einjährigen Wolfsmilch, die auch unter dem attraktiveren Namen Bergschnee bekannt ist. Sie wird ungefähr sechzig Zenti-

* Diamond erwies sich dann als ziemliche Enttäuschung.

Cynoglossum amabile

meter hoch; ihre langen, spitzen, blaßgrünen Blätter haben weiße Ränder, manche sind auch rein weiß, anstelle von Blüten gibt es weiße Deckblätter. Sie ist nicht nur sehr produktiv, sie hält auch für Monate vor. Zusammen mit der schaumigen *Gypsophila paniculata Bristol Fairy* tritt sie, vor dem Hintergrund einiger hoher krautartiger Pflanzen wie *Veronica spicata alba* (Ehrenpreis), dem großen weißen Rittersporn, dem hübschen Lilienschweif *Eremurus himalaicus*, vor weißen Gladiolen oder *Hyacinthus candicans* oder irgendeiner hohen weißen Lilie, in einem kühlen Sommerbild auf, das wir nicht verachten sollten.

Einmal habe ich über blühende Bäume geschrieben, die an Drähten in Vorgärten wachsen, und dabei habe ich auch erwähnt, daß Heckenrosen entlang der Bürgersteige einer Dorfstraße wachsen könnten. Das heißt, es muß nicht unbedingt ein Dorf sein, eine kleine Stadt oder sogar ein Vorort oder eine Neubausiedlung bieten sich an, alles, wo eine Hecke benötigt wird, die den Vorgarten von der Straße abschirmt.

In einer hübschen, kleinen und alten Stadt in meiner Nähe hatte jemand genug Phantasie, um eine solche Hecke aus Kletterrosen anzulegen. Diese Hecke zieht sich an seinem gesamten Grundstück entlang, und in den Sommermonaten kommen Leute aus der ganzen Umgebung, um sie zu bewundern. Ich muß zugeben, sie bietet einen beeindruckenden Anblick; eine leuchtende Farbenpracht, einen langen, wütenden, verwirrenden Strich, als habe jemand einen Buntstift genommen und ein schmales grünes Dickicht mit dichten roten Blütenbüscheln bemalt. Eine hervorragende Idee, sehr effektiv, aber ach, wie grob! Ich kneife bei diesem Anblick die Augen zusammen, und danach weine ich. Es sind nicht nur die grellen Farben, die mir Tränen in die Augen treiben, sondern vor allem die Trauer darüber, daß eine so feine Idee nicht eleganter in die Tat umgesetzt worden ist.

Die Hecke besteht aus *American Pillar,* einer Rose, die zusammen mit *Dorothy Perkins* für immer aus unseren Gärten verbannt werden sollte. Ich weiß, dieser Angriff auf zwei beliebte Rosen wird mir allerlei Ärger eintragen, aber wer Gartenartikel schreibt, muß zu seiner Meinung stehen. Ich hasse, hasse, hasse *American Pillar* und ihre süßlich rosa Genossin *Perkins*. Was ich an ihrer Stelle pflanzen würde? Nun, es gibt *Goldfinch*, einen alten Kletterer, sehr lebhaft, sehr süß duftend, und wenn ich von süßem Duft rede, dann meine ich süßen Duft, denn ich versuche, in meinen Artikeln bei der Wahrheit zu bleiben und niemanden in die Irre zu führen. *Goldfinch* ist mein Liebling, mein Goldstück, mein Schatz; ein riesiges Rührei. Dann möchte ich noch *Félicité Perpétue* nennen, weiß, rosig angehaucht. Und *Mme. Plantier,* mit ihren weißen, größeren Blüten. Und *Albertine*, sehr stark mit einzelnen zartrosa

Blüten, die aussehen wie in Tee getunkt. Und schließlich noch *François Juranville*, der auch in eine Teetasse gefallen zu sein scheint.

Eine Dame erzählt mir brieflich von einer scheußlichen Veranda und fragte, mit welchem immergrünen Kletterer sie zu tarnen sei? Am liebsten würde sie die Veranda während des ganzen Jahres verstecken. Sie ist sicher nicht die einzige mit einem ähnlichen Problem, weshalb einige Bemerkungen zum Thema wohl nicht fehl am Platze sind. Das Problem ist, daß neben Efeu nur wenige Kletterer immergrün sind; und diese wenigen sind zumeist nicht winterhart. Von den wirklich immergrünen Kletterern würde ich zwei Geißblattsorten empfehlen, *Lonicera giraldii* und *L. henryi*, eine von jeder Sorte, jede auf einer Seite der Veranda, müßten sehr bald so weit gewachsen sein, daß sie sich oben miteinander verschlingen. Aber das bringt uns nicht sehr viel weiter, wir müssen noch nach weiteren Möglichkeiten Ausschau halten.

Die finden wir vielleicht bei den hochwüchsigen Sträuchern, die als eine Art Puffer oder Seitenpfosten benutzt werden können; mit Hilfe von Draht können wir sie außerdem veranlassen, oben waagerecht über das Verandadach zu wachsen. Die Säckelblumen *Ceanothus rigidus* und *Ceanothus thyrsiflorus* fallen mir als erste ein, mit ihren dunkelgrünen Blättern und pulverblauen Blüten. Sie sind einigermaßen winterhart, können bis zu drei beziehungsweise zehn Metern hoch werden. Sie sehen jedoch nie so ordentlich aus wie Pflanzen, die beschnitten werden können, und deshalb denke ich auch noch an den Lorbeer *Laurus nobilis*. Sie wissen doch, wie manchmal alte Häuser auf dem Land eine Art tiefer, dichter Veranda aufweisen, wie aus Eibe oder Buchsbaum herausgeschnitzt, die der Haustür etwas Solides und Geheimnisvolles gibt, das vor allem vielleicht bei einem ganz neuen und vielleicht nicht besonders beeindruckenden Wohnhaus willkommen wäre? Es gibt keinen Grund, warum unser Lorbeer mit seinen aromatischen Blättern nicht zu einem ähnlichen Zweck benutzt werden könnte, nämlich die ungeliebte Veranda einzurahmen und zu verkleiden. Er wächst recht schnell und läßt sich in jegliche Form bringen. Innerhalb weniger Jahre müßte er die Haustür in eine schützende grüne Höhle gesteckt haben.

***

Wenn meine Briefschreiberin das alles zu düster findet, obwohl ich ja meine, daß ein wenig Düsterkeit einen Garten immens ziert, als Hintergrund für bunte Blumen nämlich, dann sollte sie zwei pappelähnliche Kirschen wie Wachtposten zu beiden Seiten der Veranda pflanzen. Sie sind zwar nicht immergrün, aber ihre reichen blaßrosa Blüten sind im Frühling eine wahre Wonne von Jugendlichkeit. *Prunus Amanogawa* ist ihr Name, das bedeutet

Himmlischer Fluß, wie die Japaner die Milchstraße nennen.

Darf ich allen beneidenswerten Lesern danken, die mir mitgeteilt haben, daß ihre Passionsblumen in ihren Gärten tatsächlich Früchte tragen? Diese Gärten liegen zumeist im Westen, das muß ich noch hinzufügen, aber immerhin kam auch ein triumphierender Brief aus Hampshire, das doch ein wenig weiter östlich gelegen ist.

Ich werde häufig gebeten, etwas über die *Saintpaulia* zu schreiben, allgemein bekannt als Usambaraveilchen, obwohl es botanisch nichts mit den Veilchen zu tun hat, sondern zu derselben Familie gehört wie die Gloxinie. Sie ist bestimmt eine der hübschesten kleinen Topfpflanzen, mit ihren veilchenähnlichen lila-blauen Blüten, die sich zwischen den samtweichen Blättern zusammendrängen. Sie steht fast das ganze Jahr hindurch in Blüte, ach, wir können eigentlich nur Gutes über sie sagen, nur leider können die Züchter sich nicht darüber einigen, wie sie behandelt werden sollte.

Manche raten, die Pflanzen in den Schatten zu stellen, andere empfehlen fluoreszierende Beleuchtung. Manche gießen von oben, andere lassen das lieber. Manche isolieren sie, andere mischen sie mit anderen Pflanzen. Manchen gelten sie als ideale Hausgenossen, andere glauben, sie verlangten die Feuchtigkeit eines Gewächshauses. Ich glaube, es wäre schade, wenn wir uns von diesen widersprüchlichen Ratschlägen entmutigen ließen; wir sollten uns lieber auf die Punkte konzentrieren, in denen eine gewisse Übereinstimmung herrscht.

Es ist bestimmt erfolgversprechender, sie in einem Gewächshaus zu ziehen statt in einem normalen englischen Zimmer, in dem die Temperaturen ja doch sehr stark schwanken, sie mögen 13° bis 18° Grad. Sie ziehen feuchte Atmosphäre vor, aber ich muß auch zugeben, daß ich nicht begreife, wieso sie dann in den zentralbeheizten Wohnzimmern der USA gedeihen können, was einwandfrei der Fall ist, dort sind sie nämlich dermaßen in Mode gekommen, daß sich Usambaravereine gegründet haben, die eine ganze Literaturrichtung entwickeln. (Ich kann nur annehmen, daß die Amerikaner auf ihre ausgesprochen zivilisierte Weise eine Möglichkeit gefunden haben, um die Luft anzufeuchten.) Sie mögen Luftzug nicht und gehen ein, wenn sie sich erkälten. Sie lassen sich sehr leicht vermehren, entweder aus im März auf ein Gemisch aus Sand und Torf gesäten Samen oder durch Teilen der Knollen in mit einem Auge versehene Stücke. Machen Sie das im März, und setzen Sie sie dann in kleine Töpfe, die Sie mit je einem Teil Sand, Torf und Lehm gefüllt haben. Nehmen Sie keine zu großen Töpfe. Wie Alpenveilchen haben sie es gern ein wenig enger. Gießen Sie im Winter nur wenig, im Sommer dann großzügiger, und dann mögen Ihre Pflanzen auch ein wenig flüssigen Dünger. Gießen Sie nie zuviel, dann faulen sie; lassen Sie sie aber auch niemals austrocknen, sonst verwelken sie, und niemals darf sich auf den Blättern Wasser sammeln.

Der enorme Preis der Winteriris, *I. unguicularis* oder *I. stylosa,* hat in diesem Winter bereits allerlei Wehgeschrei hervorgerufen. Ich hatte aber nichts anderes erwartet. Im letzten Sommer hatten sie viel zu wenig Sonne. Und die Annahme scheint sich zu bestätigen, daß die Blätter im Juni fast ganz zurückgeschnitten werden sollten, damit alle erreichbaren Sonnenstrahlen bis zur Wurzel durchdringen; ich nehme mir das auch immer vor, aber dann vergesse ich es.

Doch, mir ist bewußt, daß auch in dieser Hinsicht die Meinungen nicht immer übereinstimmen, aber es klingt doch sehr vernünftig. Es sieht dann auch ordentlicher aus – aber das ist wirklich kein Argument, das für den Gärtner, der für seine Pflanzen nur das Beste will, eine Rolle spielen sollte.

Diese hübsche, zarte kleine Gladiole *colvillei The Bride* hätte schon vor Weihnachten eingetopft werden sollen, aber es ist noch nicht zu spät. Wenn ich eine steinige, in der Sonne brütende Terrasse an der Riviera hätte, dann würde ich sie zu Hunderten setzen; statt dessen gebe ich mich mit einem Dutzend in zwei Töpfen unter Glas zufrieden. Ich weiß sehr gut, daß sie auch in England im Freien wächst, dann werden jeden Herbst die Knollen aus der

Erde genommen, wie wir das auch bei anderen Gladiolen machen; aber ihre weiße Zartheit empfiehlt sie eher als Schnittblume, im Wettbewerb des Gartens würde sie untergehen.

Manche Gärtner vertreten die Theorie, daß Knollen nach dem ersten Jahr nicht mehr aufbewahrt werden sollten und daß es besser ist, sie jedes Jahr zu erneuern. Ich halte das für eine unnötig extravagante Idee. Die kleinen Auswüchse, die sich an der elterlichen Knolle einstellen, können weiterwachsen, bis sie im zweiten Jahr ihre Blütegröße erreicht haben. Natürlich bedeutet das, daß zunächst eine Saison übersprungen wird, aber wenn sie erst einmal ihren Rhythmus gefunden haben, ist der Nachschub gesichert. Ich habe festgestellt, daß dieses System sich auch auf G. *callianthus* anwenden läßt, eine weitere Gladiolenart, ebenso auf die kleinen sternförmigen Narzissen *watieri*, die auf andere Weise sehr schnell eingehen und außerdem im Laden ziemlich teuer sind. Sie sind übrigens ein wahrer Schatz für eine Schale im Haus oder in einem erhobenen Trog im Freien, wo wir sie mehr oder weniger auf Augenhöhe in aller Ruhe betrachten können.

Ein Schatz, der sich auf einem Regal im Winter unter Glas einfacher aufbewahren läßt, ist der Winterling. Ich grub im Garten ziemlich nervös einige Wurzelballen aus, als sie sich gerade auf ihre verhuschte Art beim ersten Schneefall durch den Boden drängen wollten, und versetzte sie mit einem fetten Erdklumpen in einige flache Schalen. Das scheint ihnen nichts ausgemacht zu haben, sie blühen wie kleine Sonnen, was an einem Wintermorgen einen fröhlichen Anblick bietet. Es ist ganz erstaunlich, wie frostresistent ihre weichen Blütenblätter sind. Das Gewächshaus ist nicht beheizt, und die Schalen sind hart gefroren, doch die goldenen Blütenblätter lassen sich davon nicht stören, und ich weiß, daß nach der Schneeschmelze ihre Verwandtschaft im Garten hemmungslos prangen wird, egal, wie kalt es sein mag, wenn sie ihre warme weiße Decke verloren haben.

Als ich über Einjährige als Lückenbüßer im Steingarten schrieb, fiel mir ein, daß viele Steingartenbesitzer sicher ihre alpinen Pflanzen selber vermehren oder durch Aussäen Abwechslung in ihre Sammlung bringen möchten.

Es gibt drei Hauptmethoden der Vermehrung: durch Teilung, durch Ableger und durch Samen. Teilung sollten Sie im Frühling vornehmen, wenn eine leistungsfähige Pflanze, die Sie ausgraben und vorsichtig zerlegen, vier bis sechs neue ergeben sollte; pflanzen Sie die neuen sehr fest ein, und lassen Sie es nicht an Wasser fehlen, bis sich ein neues Wurzelsystem gebildet hat. Schützen Sie sie außerdem vor zu starker Sonne. Ein umgestülpter Blumentopf ist da eine gute Hilfe.

Ableger sind um einiges komplizierter, selbst wenn Ihnen die Grundprinzipien vertraut sind, vor allem weil die Ableger der meisten Alpinen so winzigklein sind. Wer hat nicht voller Bewunderung die adretten Reihen im eingerahmten Beet des Züchters betrachtet und sich überlegt, daß diese Operation nur mit der Präzision von Juweliersfingern möglich ist!? Aber wenn Sie es doch versuchen wollen, dann besorgen Sie sich eine alte Holzkiste, nehmen Sie den Boden heraus und stellen Sie sie auf einen Untergrund aus sehr grober Asche oder Schlacke. Bedecken Sie diesen zur Entwässerung dienenden Boden mit ein oder zwei Fingerbreit feinerer Asche, und füllen Sie den Rahmen dann mit feinem, scharfem Sand, nicht mit Bausand, sondern damit, was Gärtner Silbersand oder Gewaschenen Flußsand nennen. Drücken Sie die Oberfläche so fest und glatt zusammen wie nur möglich, bedecken Sie den Rahmen mit einer Glasscheibe, und ihr selbstgebautes Zuchtbeet ist einsatzbereit.

Einzelheiten, an die Sie denken sollten: Zwischen Glas und Ablegern muß noch genug Luft bleiben. Die Unterseite des Glases muß jeden Tag von Feuchtigkeit befreit werden, am besten sogar zweimal täglich, sonst tropft sie auf die Ableger, die dadurch verfaulen. Es geht schneller, das Glas umzudrehen, als es abzuwischen. Drücken Sie die Ableger immer sehr fest in ihr Sandbett; ein Ableger, der sich durch ein Fingerschnippen lockert, sitzt nicht fest genug, wie viele angehende Gärtner zu ihrem Kummer erfahren mußten, wenn der Chef des Weges kam.

Jetzt hat mich meine Begeisterung für Ableger und ihre

Vermehrung dermaßen mitgerissen, daß ich keinen Platz mehr habe, um über die Vermehrung von Alpinen durch Samen zu schreiben.

Neben anderen Samen für die Frühjahrssaat habe ich mir eine Tüte *Mimosa pudica* bestellt, die Sinnpflanze. Die meisten Menschen, auch einige Gärtner, nennen sie die »Sensible Pflanze«. Dieser Name sollte eigentlich der *Mimosa sensitiva* vorbehalten sein, die aber seltsamerweise weniger sensibel ist als M. *pudica*. Die Sinnpflanze ist so empfindsam und so geschämig, daß ein bloßes Antippen mit dem Finger oder einfach ein Anhauchen ausreicht, um sie augenblicklich zu einem Häufchen Elend in sich zusammensinken zu lassen. Wir pflanzen sie einfach nur, um den Kindern eine Freude zu machen. Ein normales Kind, wenn es nicht von unerträglicher Tugendhaftigkeit ist, ist schrecklich gern gemein zu anderen Geschöpfen, und hier finden die jungen Menschen einen harmlosen Auslauf für diesen Trieb. Entzückensschreie werden ausgestoßen und noch verstärkt durch das sadistische Vergnügen, es immer wieder tun zu können. »Laß uns mal nachsehen, ob sie sich schon wieder aufgerichtet hat.« Das hat sie vermutlich, denn sie scheint diese grausame Behandlung mit endloser Geduld über sich ergehen zu lassen.

Ich muß zugeben, daß ich sie gern in ihrer eigentlichen

Heimat, dem tropischen Amerika, sehen würde, wo, wie ich gehört habe, weite, mit einem Miniaturwald bewachsene Flächen bei der ersten Brise in Ohnmacht fallen. Sie gilt zwar als winterhart, sollte aber hierzulande nur wie eine bedingt winterharte Pflanze behandelt werden. Das bedeutet, daß wir unsere Samen in einem Topf oder einer Schale unter Glas oder auf der Fensterbank in einem warmen Zimmer säen müssen. Im Spätsommer hat sich dann eine ziemlich hohe Pflanze von an die dreißig Zentimeter entwickelt, und dann können Sie feststellen, daß sie, wie die meisten empfindsamen Menschen, nicht nur empfindsam, sondern auch ziemlich ekelhaft sein kann. Sie bekommt lange, spitze Dornen, kann sich aber nicht von ihrer zitternden Angst befreien. Auf diese Weise ist sie nicht nur ein Vergnügen für die Kinder, sondern auch ein Symbol für viele unserer Freunde.

Wenn Sie sich für solche witzigen Pflanzen interessieren, dann kann ich Ihnen noch weitere vorschlagen. Zum Beispiel den Brennenden Busch *Dictamnus albus* oder Diptam, den Sie, vor allem an einem heißen Sommertag, zu einer blauen Flamme anzünden können, ohne ihm damit Schaden zuzufügen. Die Erklärung dieses scheinbaren Wunders ist, daß er ein flüchtiges Öl enthält, aber warum sollten Sie nach Erklärungen suchen, wenn Sie Ihre jungen Gäste so leicht unterhalten können?

In einem milden Jahr sollte die Winteriris, normalerweise *Iris stylosa* genannt, auch wenn *Iris unguicularis* korrekter wäre, im November zu blühen anfangen und dann bis März weitermachen. Es gibt diese Iris in einer Farbskala zwischen Lavendelblau und Tieflila (auch eine weiße Art gibt es), sie werden zwischen achtzehn und vierundzwanzig Zentimeter hoch.

Die Wurzelballen sollten unter eine Südwand gesetzt werden, wo sie viel Sonne bekommen, und sie lieben den sandigsten Boden, den man sich überhaupt nur vorstellen kann. Sie lieben alten Mörtelschutt, Kies, Asche, zerbrochene Ziegel; sie gedeihen bei einer Hungerdiät, mögen nicht verpflanzt oder auf andere Weise gestört werden, und Sie sollten sie pflücken, wenn sie noch aussehen wie eine Flagge, die sich fest um den Fahnenmast gewickelt hat. Später in Ihrem warmen Zimmer entfalten sie sich, und Sie können ihnen dabei zusehen.

Manchmal macht es Spaß, nicht an unsere gärtnerischen Pflichten zu denken, sondern an fremde Pflanzen, ob wir nun hoffen können, sie selber mit Erfolg zu ziehen, oder nicht. Ein nasser Januarabend scheint wie geschaffen dafür, sich in solche Träume zu vertiefen, und sofort füllte sich mein Zimmer (das sich bisher nur einiger bescheidener Zwiebeln in Schalen hatte rühmen können) mit Blumen der seltensten Farben, Formen und Beschaffenheit. Die ersten, die sich einstellten, auf wundersame Weise einfach aus der Luft herbeigezaubert, zeigten alle dieses besondere Blaugrün, daß wir an altem Kupfer, Pfauenfedern, Käferrücken oder im Meer an der Stelle sehen, wo seichtes und tiefes Wasser ineinander übergehen.

Zuerst sah ich eine schlanke Südafrikanerin, *Ixia viridiflora,* mit grünen, zu Kobaltblau changierenden Blüten mit einem lila Tupfer: Ich hatte sie früher einmal in einer sehr sandigen Schale in einem unbeheizten Gewächshaus gezogen und freute mich über unser Wiedersehen. Dann kam die winzige meergrüne Persische Iris, die nur neun Zentimeter hoch wird, die ich aus ihrer Wüstenheimat in Blüte stehend kenne, aber nie dazu überreden konnte, auch bei mir eine Blüte zu produzieren. Danach erschien *Delphinium macrocentrum*, eine Ostafrikanerin, die ich noch nie gesehen hatte, die es in ihrer Färbung aber angeblich mit der chilenischen *Puya alpestris* aufnehmen kann.

Und *Puya alpestris* kannte ich immerhin. Eine wild und wütend aussehende und sehr zurückhaltende Pflanze. Ich ging meiner in einem Topf gepflanzten *Puya* sieben Jahre lang um den Bart, ehe sie sich endlich zum Blühen herabließ. Danach entwickelte sie eine Blütenähre und überraschte alle mit ihren tückisch aussehenden, pfauenblauen Trompeten, ihren orangefarbenen Staubbeuteln und ihren seitlichen Ausläufern, auf denen offenbar Hummeln sich niederlassen sollten, um die Blüten zu befruchten.

Und hier sah ich sie nun wieder, in meinem Zimmer, diesmal in Begleitung der Hummeln, die leider gefehlt hatten, als sie nach den sieben Jahren endlich blühte. Inzwischen wimmelte es in meinem Zimmer nun schon von

Vögeln wie von Blumen. Denn nun war auch *Strelitzia reginae* eingetroffen, in Begleitung der kleinen afrikanischen Paradiesvögel, die sich darauf niederlassen, um ihre Brustfedern mit Pollen zu bestreichen. Es kommt nur selten vor, daß Pflanzen die Befruchtung von Vögeln erledigen lassen und nicht von Insekten, aber hier hatte ich nun schon zwei Exemplare. *Strelitzia reginae* sieht selber auch ein wenig wie ein Vogel aus, sie ähnelt einem wilden, spitzen Vogel mit Kamm, der in einem orangenen Boot unter stacheligen blauen und orangefarbenen Segeln dahinschwimmt. Sie wurde zwar nach der Gemahlin Georgs III. Regina genannt, aber ich ziehe ihren anderen Namen vor: Paradiesvogelblume.

Dann gab es einen Wechsel zu eher unscheinbaren Pflanzen, in Form von alten Primeln, mit denen ich mir so große Mühe gegeben hatte, um sie in sorgfältig zusammengestellten Mischungen aus Lauberde und Lehm zum Blühen zu bringen. Und hier waren sie nun, sie blühten zufrieden zwischen den Bodenbrettern. *Jack-in-the-Green*, *Prince Silverwings*, *Galligaskins*, *Tortoiseshell*, *Cloth of Gold*; und als ich sie nun in einer Fülle vor mir sah, wie ich sie niemals zuvor zustande gebracht hatte, fiel mir ein, daß die gesamte Primelfamilie zur Geselligkeit neigt und die Einsamkeit der einzelnen, teuren Pflanze haßt. Sie kuscheln sich gern aneinander, ganz anders als die Flechten, die so wenig Gesellschaft verlangen, daß sie (zumindest in Südamerika) sogar in hoher Isolation auf Telegraphendrähten wachsen.

Die Eigenheiten der Pflanzen scheinen kein Ende zu finden, ob sie nun besondere Sitzgelegenheiten für ihre Besucher bereithalten oder sich zu Fleischfressern entwickeln wie die Kannenpflanzen. Warum wächst Wein in der nördlichen Hemisphäre von links nach rechts, will in der südlichen aber nur von rechts nach links wachsen? Warum findet sich die Mohnart *Macoumii* nur auf einer einzigen winzigen Insel in der Behringsee und sonst nirgends? Wie ist sie dort überhaupt hingelangt? In einem Zimmer, das inzwischen von Blüten der Phantasie wirklich überwuchert war, fallen solche Spekulationen leicht, und ich hatte gar keine Zeit mehr, um über das ebenso seltsame Verhalten der Menschen zu spekulieren.

Die Zimmerwände schmolzen dahin und machten einem Garten Platz, wie ihn die Kaiser von China einst genießen konnten, einem weiten Garten mit unterschiedlichen Landschaften, einem Garten, in dem alles gedieh und in dem die Schätze der Erde in Schönheit und Brüderlichkeit vereint waren. Aber dann fiel ein Holzscheit im Kamin um, eine Stimme sagte: »Hier ist BBC London, es folgen die Nachrichten«, und ich erwachte.

In einem Brief werde ich um »einzige zusätzliche Tips für das Ziehen der Winteriris« gebeten. Ich halte das für eine gute Idee. Sie sind wirklich pflegeleichte Pflanzen, die sogar Mißhandlung überstehen, aber ein wenig zusätzliche Freundlichkeit und etwas Verständnis bringen bessere Ergebnisse. Das gilt ja für die meisten unter uns, für Pflanzen und für Menschen.

Freundlichkeit bedeutet, was die Winteriris angeht, sie hungern zu lassen. Gute Ernährung läßt sie Blätter entwickeln, statt zu blühen. Am liebsten wächst sie in erbärmlich armem Boden, der vor allem aus altem Kalk, Mörtelschutt und sogar Kies besteht: In einer sandigen Mischung vor einer sonnigen Mauer, je sandiger und sonniger, desto besser. Um ihr ein Maximum an Sonne zu geben, damit sie im Sommer zur Reife gelangen kann, sollten Sie ihre Blätter im Mai oder zu Anfang Juni beschneiden und ihr soviel Sonne zukommen lassen, wie unser Klima überhaupt nur hergibt. Mehr können Sie nicht für sie tun, außer natürlich, sie vor Schnecken und Raupen zu beschützen. Das müssen Sie unbedingt tun, wenn Sie nicht wollen, daß diese Tiere, die so zufrieden in Blättern und Mauerritzen überwintern, die Blätter zernagen und zerfetzen. Jedes effektive Schneckenmittel erledigt diese Arbeit für Sie. Es ist vielleicht den Schnecken gegenüber nicht sehr freundlich, aber wir müssen unsere Prioritäten setzen.

Die Winteriris ist den meisten unter uns als *Iris stylosa* bekannt. Aber eigentlich sollte sie *Iris unguiculus* genannt werden, das ist ihr älterer botanischer Name, *unguiculus* bedeutet eine kleine, schmale Klaue. Aber sollten wir uns darüber wirklich den Kopf zerbrechen? Wir wollen lieber daran erinnern, daß sie ein Kind des steinigen Bodens von

Algerien, Griechenland, Kreta, Syrien und Kleinasien ist und daß sie sich auf unserer Insel sehr bereitwillig einlebt, manchmal blüht sie noch vor Weihnachten, vor allem nach einem heißen, trockenen Sommer, und macht bei mildem Wetter bis in den März hinein weiter. Sie sollten die grasähnlichen Blätter jeden Tag nach Knospen absuchen und die verheißungsvolle Knospe wegnehmen, solange sie noch aussieht wie ein winziger, fest geschlossener Regenschirm. Bringen Sie sie ins Haus, und beobachten Sie sie unter einer Lampe. Wenn Sie geduldig genug warten, dann werden Sie miterleben, wie das Wunder geschieht.

Wenn Sie noch keine Iris im Garten haben, aber gerne welche hätten, dann pflanzen Sie sie im März oder April; zum Verpflanzen ist am besten der September geeignet. Sie mag nicht zerteilt und versetzt werden, und sorgen Sie dafür, daß sie nicht austrocknet und sich in aller Ruhe einleben kann. Danach wird sie Ihnen keine Probleme mehr machen.

Nicht allen ist bewußt, daß Mitte oder sogar Ende März noch immer die Möglichkeit besteht, im letzten Moment noch Bäume und Sträucher zu pflanzen, falls der Boden weder gefroren noch triefnaß ist. Wir dürfen mit einiger Berechtigung auf passende Wetterverhältnisse irgendwann zwischen jetzt und Mitte März hoffen, und ich möchte Sie daran erinnern, daß eine Schaufel Torf, die Sie ins Grabloch geben und über die faserigen Wurzeln verteilen, ehe Sie den Boden festtreten, von enormem Wert ist: Torf bewahrt Feuchtigkeit auf und ermöglicht die Entwicklung des Wurzelsystems, das jegliches Pflanzenleben nun einmal braucht. Die Empfehlung, beim Pflanzen Torf hinzuzugeben, bezieht sich nicht nur auf torfliebende Pflanzen wie Azaleen, Eucryphien, Rhododendren, Kalmien und sämtliche Heidekrautgewächse, sondern auch auf Pflanzen, bei denen Sie gar nicht damit rechnen, wie z. B. Rosen. Manche Pflanzen hassen Kalk, aber nur sehr wenige hassen Torf.

Auch eine Handvoll Knochenmehl ist immer hilfreich.

Diese Überlegungen über das Pflanzen im letzten Moment haben mich an einen kleinen, aufrechten Laubbaum erinnert, den ich bisher wohl noch nie erwähnt habe. Dieser ursprünglich aus Nordchina stammende Baum heißt *Xanthoceras sorbifolium*, oder, und das ist doch um einiges einfacher, Gelbwurz. Sein aufrechter Wuchs empfiehlt ihn für kleine Gärten mit begrenztem Platz, im Mai bietet er mit seinen weißen Blütenähren, die geradewegs aus ihrem sanftgrünen Blütengrund herauswachsen, einen sehr hübschen Anblick. Er ist mit der Roßkastanie verwandt und durchaus winterhart, allerdings sollten die Blüten doch ein wenig vor spätem Frost geschützt werden; wenn Frost bevorsteht, können Sie die Blütendolden abpflücken, sie lassen sich auch im Haus zum Blühen bringen.

Wer Bekannte hat, die einen solchen Baum besitzen, wird in der Nähe des Baumes sicher viele Setzlinge finden und einen oder zwei an sich bringen. Im Handel dagegen wird er nicht oft angeboten.

Der Märzenbecher *Leucojum vernum*, der Anfang des Monats angefangen hat zu blühen, sollte jetzt mit Nachbestellungen bedacht werden. Er gehört zu den Geschöpfen, in das Sie genaueren Einblick nehmen sollten, indem Sie seine weiße, grüngetupfte Glocke nach oben drehen, wie Sie das mit einem Kind machen würden, dem Sie einen Finger unters Kinn legen. Jedes Kind mit Selbstachtung wird sich gegen diese Behandlung wehren, der Märzbecher hat keine andere Wahl. Sehen Sie sich seine zarte Struktur und deren Maserung an, das ist immer die beste Methode, um die Schönheit der winzigen Hängeblüten zu erkennen. Nicht daß der Märzbecher im Garten nicht seine eigene kleine Wirkung entfalten würde. Er begleitet Schneeglöckchen und Eisenhut und ist damit an einem trüben Morgen, wenn jeder Vorbote und Prophet den Beginn des Frühlings ankündigt, ganz besonders willkommen.

Noch ein praktischer Hinweis: Pflanzen Sie die Zwiebeln früh, etwa Anfang September. Seien Sie nicht enttäuscht, wenn im ersten Jahr nicht viel passiert. Sie brauchen ein Jahr, um sich einzuleben; also dürfen Sie nach dem Einpflanzen nicht stören. Sie haben ein wenig Schatten gern, und deshalb können Sie mit ihnen eine schattige Ecke füllen, in der andere Zwiebeln vielleicht nicht gedeihen.

Leucojum vernum

Um diese Jahreszeit machen viele sich Sorgen um ihre Töpfe mit Alpenveilchen, sie fragen sich, wie sie sie in den folgenden Monaten behandeln sollen. Ich nehme an, alle wissen, daß Alpenveilchen langsam austrocknen müssen und erst im Juli oder August wieder zum Leben erweckt werden dürfen, aber da ich mich vor kurzem mit einem Züchter unterhielt, dachte ich, ich könnte doch noch einige von seinen Tips weiterreichen.

Er riet mir, die Töpfe draußen an einer schattigen Stelle in ein Bett aus Torf oder Asche zu versenken, und zwar bis an die Kante. Auf diese Weise bleibt ihnen genau die richtige Menge an Feuchtigkeit, und wir brauchen in den Monaten, in denen die Knolle Ruhe haben will, nicht mehr zu gießen.

Er rät davon ab, eine Knolle länger als zwei oder drei Jahre zu behalten. Nach dieser Zeit verschlechtert sich die Qualität der Blüten, obwohl eine Knolle im zweiten Jahr mehr Blüten hervorbringt als im ersten. Mich würde es nicht stören, wenn die Blüten kleiner würden, ich finde wilde Monster von Blumen nämlich nicht weiter charmant, aber das ist eine Geschmacksfrage. Der erwähnte Züchter schlägt vor, im Juni Samen in Samenschachteln zu säen, was bedeutet, daß die kleinen Pflanzen in achtzehn Monaten groß genug zum Blühen sein werden: also rechtzeitig zum übernächsten Weihnachtsfest. Natürlich brauchen wir dafür ein beheiztes Gewächshaus, in dem sie überwintern können, und das haben schließlich die wenigsten. Ich glaube schon, daß Menschen mit ganz besonders grünen Daumen sie auch auf einer Fensterbank in einer immer warmen Küche ziehen könnten. Das wäre jedenfalls die billigste Methode, um sich einen dauerhaften Vorrat anzulegen.

Mein guter Freund, der Züchter, der, wie die meisten wahren Gärtner, nur zu gern sein Wissen weitergibt, hatte noch weitere beherzigenswerte Ratschläge auf Lager. Niemals, sagt er, sollten Sie ein vergilbendes Blatt abknipsen. Dabei kann es nämlich passieren, daß Sie ein Stück von der Knollenhaut einreißen und die Knolle dadurch verletzen. Schneiden Sie es mit dem Messer ab. Ziehen Sie nicht daran. Andererseits sollten Sie den Stiel senkrecht wegziehen, wenn Sie ihn von der Knolle lösen wollen. Das wußte ich alles schon, nur die Sache mit dem Blatt war mir neu. Wie wenig wir im Grunde wissen, und wieviel wir in einem zehnminütigen Gespräch mit einem Experten lernen können!

Mein guter Freund erzählte mir weiterhin, daß wir jetzt eine bestimmte süßduftende Alpenveilchenart züchten können. Wenn wir Duft und Farbe miteinander verbinden könnten, was hätten wir dann für eine wunderbare Topfblume! Er hat mir für den nächsten Juni Samen versprochen.

Aber obwohl er doch so ein weiser und erfahrener Züchter ist, konnte er eine Frage nicht beantworten. Warum gehen manche Alpenveilchentöpfe plötzlich ein, warum sehen sie nach zwei Tagen im Haus bereits jämmerlich elend aus, während andere Töpfe unter genau denselben

Bedingungen wochenlang blühen und gedeihen? Er konnte meine Frage nicht beantworten. Er betrachtete seine riesige Kathedrale mit ihrem gläsernen Dach, in der Tausende von kerngesunden Alpenveilchen einen rosenroten, kirschroten, muschelrosa, orchideenlila, blutroten, jungfräulich weißen Teppich bildeten, und bedachte mich mit einem mitleidigen Lächeln.

Unlängst schrieb ich über witzige Pflanzen, mußte dann aber aus Platzgründen abrupt abbrechen. Ich wollte noch von der Wunderblume sprechen, *Mirabilis jalapa*, manchmal auch Four o'clock genannt, weil sie sich um die Teezeit öffnet und vor dem Frühstück wieder schließt. Es ist eine altmodische, krautartige Pflanze, die wir jetzt nur noch selten sehen, mit ihren bunten Farben, gelb, weiß, rot oder lila, manchmal gestreift oder gesprenkelt wie bestimmte Nelken. Diese sehr dekorative Pflanze läßt sich als bedingt winterharte Einjährige von im Frühling ausgesätem Samen ziehen, und wenn Sie die Wurzeln behalten wollen, müssen Sie sie im Herbst ausgraben, wie die der Dahlien. Es kommt mir aber leichter vor, sie jedes Jahr frisch aus Samen zu ziehen.

Dann gibt es noch die Gelenkblume *Physostegia virginiana*. Diese Pflanze trägt zu unserer Unterhaltung dadurch bei, daß ihre Blüten in jeder Position verharren, in der Sie sie um den Stengel wickeln. Mir ist das nie gelungen, bis mir eine schottische Freundin sagte, daß ich einfach nicht fest genug drücke. Wenn Sie genau hinschauen, dann sehen Sie eine Art kleiner Gelenke. Sie ist winterhart und ziemlich steif, sie wird an die sechzig Zentimeter lang und blüht netterweise im Spätsommer. Die Sorte, die in Gärtnereien normalerweise angeboten wird, heißt *Vivid*, aber ich finde ihre Rosatönung nicht besonders angenehm. Wer meine Abneigung gegen ein Gemisch aus Rosa und Magenta teilt, sollte zur weißen *Summer Snow* greifen.

Die seltsamste Pflanze von allen ist vielleicht der Eidechsenschwanz, *Sauromatum venosum* syn *S. guttatum*. Dieser Name setzt sich zusammen aus *saurus*, Eidechse, und aus *guttatum*, fleckig oder gesprenkelt. Seine Blüte, die von der Form her einer Gartenlilie ähnelt, ist auch wirklich gefleckt und gesprenkelt wie manche orientalischen Eidechsen, nur eben in anderen Farben. Der Eidechsenschwanz hüllt sich in ein dekadentes Gewand in Grün und Lila, mit lila Flecken auf dem bleichen Grün. Seine Färbung ist aber noch nicht das Seltsamste. Viel seltsamer ist die Art, in der er wächst. Sie legen die Wurzelknolle auf eine Untertasse, einfach so, plonk!, ohne Erde, ohne Wasser, und schon bald wird er keimen und nach wenigen Wochen mit dem Blühen anfangen.

Nach der Blüte setzen Sie die Wurzelknolle in eine ziemlich feuchte Gartenecke, wo sie während des Sommers ihre Blätter entwickelt. Im August oder September sollten Sie die Knolle aus der Erde nehmen, abtrocknen und wieder auf die Untertasse legen, wo sie dann ihr Kunststück noch einmal zeigt, Jahr für Jahr. Die erste Knolle ist nicht billig, aber Sie werden so viele Ableger bekommen, daß Sie sie ihren Nichten und Neffen zum Geburtstag schenken oder sogar Ihren eigenen Kindern auf die Fensterbank im Kinderzimmer stellen können.

Ein Brief aus Amerika erinnert mich daran, daß wir jetzt Samen bestellen sollten, wenn wir in diesem Sommer Zierkürbisse ziehen wollen. Zierkürbisse gibt es in allerlei Formen und Farben, von den großen orangefarbenen Kürbissen (*potirons*), die auf den Feldern Frankreichs einen so vertrauten Anblick bieten, bis zu den kleinen gestreiften weißgrünen, die nicht größer werden als ein Tennisball. Wir sollten sie behandeln wie den Eierkürbis; sie werden gepflückt, wenn sie reif sind, und dann leicht lackiert, damit sie im Haus den Winter überleben.

In North Carolina gibt es offenbar eine Kürbisgesellschaft. Unsere amerikanischen Freunde machen eben keine halben Sachen; und obwohl ihr Hang zu trickreichen Erfindungen unsere Fähigkeiten manchmal übertrifft, möchte ich doch einige ihrer Vorschläge weiterreichen, vielleicht hat ja jemand Zeit und Lust, sie in die Tat umzusetzen. Der längliche Pfeifenkürbis zum Beispiel kann ausgehöhlt und als Schöpflöffel verwendet werden. Die runden, mittelgroßen Sorten können ebenfalls ausgehöhlt und zu Schüsseln gemacht werden. Das ist eine nette Beschäftigung für einen Kranken – möglicherweise auch das, was der amerikanische Katalog als »Spaß für Eingesperrte« bezeichnet.

Das feinste Beispiel für die in North Carolina auftretende Findigkeit liefert eine Frau, die sich an der Ausstellung der Kürbisgesellschaft beteiligte. Sie hatte aus einem riesigen Kürbis eine Kutsche für Aschenbrödel gemacht, die von acht mausgroßen Zierkürbissen gezogen wurde. Was für eine hübsche Idee für die Herbstausstellungen unserer Frauenorganisationen!

Eine sehr, sehr liebe Nachbarin brachte mir in dieser Woche ein »tussie-mussie«. Das Wörterbuch definiert »tussie-mussie« oder »tuzzie-muzzie« als Blumenstrauß oder Angebinde und fügt gemeinerweise hinzu, dieses Wort sei veraltet. Ich weigere mich, es als veraltet zu betrachten. Es ist ein bezauberndes Wort, ich habe es immer benutzt und werde es auch weiterhin benutzen, egal, was das große Oxford Dictionary zu sagen hat. Und ich werde jetzt das tussie-mussie meiner Nachbarin zum Beispiel dafür nehmen, was Phantasie, Geschmack und Wissen selbst im Februar aus einem Garten herausholen können.

Meine Nachbarin mußte mit allerlei Schwierigkeiten fertig werden. Sie ist nicht mehr jung, sie hat ihr siebtes Jahrzehnt schon erreicht. Sie hat keine Haushaltshilfe.

Ihr Garten ist windgebeutelt, der Boden ist starrer Weald of Kent-Lehm. (Nur wer je versucht hat, auf solchem Boden einen Garten anzulegen, weiß, was das bedeutet.) Ein Aushilfsgärtner von Zeit zu Zeit ist alles, worauf sie zurückgreifen kann. Sie macht fast die ganze Arbeit selbst. Aber sie hat es geschafft, einen Strauß zusammenzustellen, wie ich ihn jetzt beschreiben werde.

Der Strauß besteht aus mindestens fünf allesamt perfekt ausgesuchten, verschiedenen Blumen. Meine Nachbarin nimmt immer nur das Beste, und ich bin sicher, daß das eines der Geheimnisse der erfolgreichen Gärtnerin ist: Nehmen Sie das Beste von allen Sorten, die Sie pflanzen wollen. In ihrem Strauß fand ich deshalb rosa Veilchen von der Sorte, die *Coeur d'Alsace* genannt wird, die eine *Iris reticulata* war von der Sorte *Hercules*, die ein helleres Rot hat als das vertraute lila und gold. Die Traubenhyazinthen waren die kleinen blauen *azureum*, die früher blühen und hübscher sind als die spätere dunkelblaue Art. Der Krokus in ihrem Strauß war nicht von der üblichen gelben Sorte, sondern hatte außen braune Flecken; es könnte C. *susianus* oder *Moonlight* sein, ich habe vergessen, sie zu fragen. Die Anemone muß eine unternehmungslustige frühe *Anemone St. Bavo* sein, amethystfarbene Blütenblätter mit elektrisch blauer Mitte. Wie klug es doch ist, *Anemone St. Bavo* zu pflanzen und nicht die gröbere *Anemone St. Brigid*.

Die Moral dieses Artikels, falls ein Artikel überhaupt eine Moral haben darf, ist, daß wir viel erreichen, wenn wir es wirklich wollen. Ich bin in vielen Briefen gebeten worden: »Sagen Sie uns, was wir mit einem kleinen Garten machen können.« Das tussie-mussie meiner Nachbarin ist die Antwort. Sie pflanzt alle diese wunderschönen Blumen auf einer kleinen Grasfläche unter Apfelbäumen an und erzielt eine Art Juweleneffekt, ähnlich wie der Vordergrund auf Botticellis *Primavera*. Alle ihre Blumen sind klein und wunderschön und nicht schwieriger zu ziehen als ihre verbreiteteren Verwandten.

Eines Tages muß ich einen Artikel darüber schreiben, wie meine Nachbarin ihren Garten angelegt hat; und vielleicht auch darüber, was ihr in ihrem kleinen, unbeheizten Gewächshaus alles gelingt. Sie werden überrascht sein!

Der Mut mancher kleiner und scheinbar zarter Blumen überrascht mich immer wieder. Hier haben wir Menschen bei Frostwetter blaue Wangen und rote Nasen und sehen einfach entsetzlich aus, und da sind die kleinen Blumen, die tapfer und munter ganz unangefochten von Frost und Schnee in Blüte stehen. Der Winterling bohrt sich fröhlich durch den weißen Grund und hat überall auf seinem hellen, blanken Gesicht Schneeflecken kleben. Aber das tut seiner Januar-Februar-Schönheit keinen Abbruch, und seine selbstgesäten Sämlinge vermehren sich von Jahr zu Jahr.

Wir alle haben die Winteriris – und ich wünschte mir übrigens, ich fände einen Züchter, der ihre unterschiedlichen Sorten anbietet, da einige Wurzelknollen viel früher blühen als andere, sogar im November, während andere bis März warten. Außerdem gibt es auch bei den Farben große Unterschiede, sie reichen vom üblichen blassen Lavendelton bis zu einem wirklich schönen, reichen Lila. (Wenn wir William Robinson glauben wollen, dann handelt es sich bei dieser farbenprächtigen Variante um *speciosa.)* Ich nehme an, die Erklärung liegt in ihrer Herkunft, denn sie stammen durchaus nicht alle aus Algerien, es gibt sie auch in Griechenland, Kleinasien, Syrien und sogar ganz weit im Osten wie am Ufer des Schwarzen Meers. Ich möchte heute allerdings nicht über diese Iris schreiben, sondern über die viel weniger verbreitete *I. histrioides*, die meiner Ansicht nach *I. unguicularis* oder, wie die meisten sagen, *I. stylosa* vorzuziehen ist. *Histrioides* schenkt uns zwar keine verlängerte Blütezeit, sie blüht nur einmal, im Februar, und deshalb können wir uns nicht darauf freuen, viele Wochen lang davon pflücken zu können. Aber nachdem wir *stylosa* in dieser Hinsicht ihre Überlegenheit zugebilligt haben, können wir ansonsten nur noch Gutes über unsere strahlendblaue kleine Schauspielerin aus dem Norden Kleinasiens sagen. Sie blüht schon, noch ehe die Blätter sich entfaltet haben, und wenn sie es dann tun, sehen sie viel adretter aus als das, ehrlich gesagt, unansehnliche Chaos, das uns dazu veranlaßt, *stylosa* in eine versteckte Ecke zu verbannen.

Außerdem sind ihre Blütenblätter von strahlendem Kobaltblau, und sie sind ungeheuer wetterfest. Seit drei Wochen ist meine kleine Gruppe nun schon schutzlos Regen und Sturm und Kälte und Schnee ausgesetzt; jeden Tag rechne ich damit, sie verwüstet und zerfetzt vorzufinden, aber diese tapferen kleinen Geschöpfe – sie sind nur zwölf Zentimeter groß, auch wenn die Blüte vergleichsweise groß ist, größer noch als die ihrer Verwandten *I. reticulata* – lassen sich nicht umwerfen.

Wenn sie glücklich ist, an einer sonnigen Stelle mit etwas Kalk, dann sollte sie sich durch die Auswüchse an der elterlichen Zwiebel bald vermehren; und da *Iris histrioides* im Moment nicht sehr häufig angeboten wird, sollten Sie die Auswüchse aufbewahren und in Töpfen bis zur Blühreife weiterwachsen lassen, das dauert ein oder zwei Jahre. Diese Art der Gärtnerei braucht Zeit und Liebe, das weiß ich, aber wie groß sind dann doch Befriedigung und Belohnung!

Register der Pflanzen